Auftanken im Alltag

Mit Selbstempathie zu neuer Kraft

Vera Heim
Gabriele Lindemann

2. Auflage

HAUFE.

Inhalt

Vorwort

In unserer Arbeit als Kommunikations- und Managementberaterinnen werden wir häufig gefragt: „Wie gelingt es mir, im Gespräch ruhig zu bleiben und empathisch auf den anderen einzugehen?" oder „Wenn ich geladen bin, reagiere ich blitzschnell, da habe ich keine Zeit mehr zu denken." Solche Fragen beschäftigen nicht nur viele unserer Klientinnen und Klienten, auch wir selbst kennen diese Herausforderungen persönlich nur zu gut und haben erkannt: Erst wenn wir in der Lage sind, in Schieflagen mit uns selbst gnädiger umzugehen, werden wir fähig, präsent für andere zu bleiben.

Die Erkenntnisse der Neurobiologie darüber, wie wir funktionieren, erleichtern es uns, das Menschliche in uns zu sehen. Jahrelang haben wir uns damit beschäftigt, wie wir auf diese Fähigkeiten im Alltag häufiger zugreifen können. Die Gewaltfreie Kommunikation nach Dr. Marshall B. Rosenberg ist dabei ein wichtiges Fundament in unserer Arbeit. Mit unserem Buch möchten wir mit Ihnen teilen, was uns wertvoll geworden ist, um authentisch zu sich stehen zu können. Das bereitet aus unserer Sicht den Boden, um Alltagsturbulenzen kraftvoll zu begegnen.

Vera Heim und Gabriele Lindemann

P.S. In unserem TaschenGuide sprechen wir Sie gleichzeitig als Leser oder Leserin an, auch wenn wir weitgehend die männliche Ansprache verwenden.

Akku leer – wie kommt es dazu?

Um den Alltag meistern zu können, hilft es zu verstehen, wie komplex sich unser Arbeitsumfeld entwickelt hat. Was bedeutet das für unser Menschsein und für den Umgang mit unseren Kräften?

In diesem Kapitel lesen Sie,

- wie sich die Leistungsgesellschaft entwickelt hat,
- wie Sie Ihre Hauptstressoren erforschen können,
- warum Stress neurobio-logisch ist,
- wie uns unsere „biologische Grundausstattung" menschlich macht.

Turbulenzen in der Leistungsgesellschaft

Erinnern Sie sich noch an Ihr Arbeitsumfeld vor etwa zehn Jahren? Was hat sich seither geändert?

Die Flut von E-Mails steigt. Damit verbunden ist die Erwartung, dass auf Anfragen innerhalb weniger Stunden reagiert wird. Mitarbeitende werden mehr und mehr mit Laptops, iPads und Smartphones ausgestattet. Und was anfänglich verlockend erscheint, verleitet zu einer Verfügbarkeit rund um die Uhr. Da wird die Nacht ganz leicht zum Tag und man staunt nicht wenig, wenn Vorgesetzte von ihren Mitarbeitenden am nächsten Morgen schon eine Antwort erwarten – hatten sie doch nachts einen Auftrag per E-Mail delegiert. Die Abschaffung von Zeiterfassungssystemen zu Gunsten von Vertrauensarbeitszeit führt vielfach dazu, dass Menschen nicht mehr ca. 40 Wochenstunden arbeiten, sondern oft weit darüber hinaus. Um Wettbewerbsvorteile zu sichern, wird häufig Flexibilität von Mitarbeitenden erwartet. Dies bedeutet mehr Mobilität, längere Reisezeiten und schnellere Auftragsabwicklung, um nur einige Faktoren zu nennen. Nicht selten weichen persönliche Arbeitsplätze mobilen Arbeitsstationen.

Der Freizeitspaß der sozialen Medien entpuppt sich oft als Zeitfresser: Wir bürden uns auf, auch für private Kontakte online verfügbar zu bleiben, und vergessen dabei manchmal – fast unmerklich – vor lauter Postings, Blogs und Tweets die Zeit, die wir für persönlichen Austausch brauchen.

Das alles führt zu den Fragen: Wann regenerieren wir uns noch? Was bedeutet das für uns und unsere Fähigkeit, die Phasen von Anspannung und Entspannung noch trennen zu können? Wie gelingt es uns bei all den Anforderungen, bei guter Gesundheit zu bleiben und nicht schleichend innerlich auszubrennen? Nie gab es so viele Veränderungen wie in der heutigen Zeit – seien es Umstrukturierungen, Re-Organisationen, personelle Veränderungen ... Dass dies Konflikte mit sich bringt, liegt auf der Hand. In der Hektik des Tagesgeschehens werden Störungen jedoch häufig unter den Teppich gekehrt. Somit beschäftigen sie uns emotional auch außerhalb der Arbeitszeit, mitunter ohne dass wir dies bewusst wahrnehmen.

> Durch Veränderungen in der Arbeitswelt scheint die Zeit für das persönliche Auftanken knapper zu werden. Das bedeutet, dass es einen geschärften Blick dafür braucht, wie man seine Zeit gestalten möchte.

In diesem intensiven und anspruchsvollen Spannungsfeld ist es wichtig, Alarmsignale besser wahrzunehmen. Diese zeigen Ihnen an, wenn Ihr persönlicher Energie-Akku leer ist, denn: Nur wenn Sie erkennen, was Ihnen gut tut und was Sie brauchen, können Sie gezielt Wege finden, um Ihre Leistungskraft und Freude bei der Arbeit nachhaltig zu bewahren.

Was sind Ihre Hauptstressoren?

Sicher haben Sie im Alltag schon erlebt, wie Sie in ein Fahrwasser kommen, in dem Sie sich selbst nicht mehr wirklich wahrnehmen. Von einem Termin zum anderen jagend wird dann schon einmal das Mittagessen oder auch ein aufmerksames Wort vergessen. Wichtige Signale des Körpers, wie Müdigkeit, Nervosität oder das Bedürfnis, sich zu bewegen, werden ignoriert. Plötzlich ist es Abend, Sie sinken erschöpft aufs Sofa oder „erholen" sich vor dem Fernseher. Wir haben „funktioniert" und sehen dies als selbstverständlich an. Gleichzeitig zeigt uns die starke Erschöpfung, dass etwas auf der Strecke geblieben ist – wieder einmal. Um aus diesem Hamsterrad auszubrechen, braucht es als ersten Schritt: innehalten und wahrnehmen, wo stehe ich gerade?

Selbst-Check: Wo stehe ich gerade?

Wir laden Sie ein, sich dazu folgende Fragen zu beantworten. Dabei geht es weniger um ein absolutes und spezifisches Ergebnis, sondern darum, dass Sie Tendenzen erkennen. Geben Sie den untenstehenden Aussagen Punkte: Wählen Sie dabei entweder J für Ja, wenn die Aussage voll umfänglich zutrifft, oder N für Nein, wenn sie nicht zutrifft. Falls Sie erkennen, dass dieser **Punkt für Sie Stress im Alltag bedeutet**, dann überprüfen Sie, wie hoch Sie Ihren Stressfaktor einschätzen und **tragen Sie diesen in der Spalte S ein**: 1 = geringer Stress bis zu 5 = hoher Stress. Letzteres zeigt, an welchen Stellen Sie Ihre Selbstwirksamkeit optimieren können.

Äußere Stressoren	J	N	S
Ich bin zufrieden mit meiner eigenen Steuerung des Arbeitspensums.			
Ich weiß, was im Rahmen meiner Aufgaben von mir erwartet wird.			
Meine Existenz sehe ich an meinem Arbeitsplatz gesichert.			
Bei uns erlebe ich eine offene Konfliktkultur, in der Störungen offen angesprochen werden.			
Meine Vorgesetzten stehen hinter mir, auch wenn etwas schief geht.			
Mit der Häufigkeit der Re-Organisationen in meinem Unternehmen kann ich gut umgehen.			
Ich kann Einfluss nehmen auf Dinge, die mich betreffen.			
Ich erlebe die Wertschätzung für mein Tun, die ich mir wünsche.			
Die Balance zwischen Anspannung und Entspannung ist für mich ausgewogen.			
Ich kann in meiner Freizeit abschalten und genießen.			
Innere Stressoren	**J**	**N**	**S**
Ich bin mit dem, was ich mir vorgenommen habe und schaffe, zufrieden.			
Ich finde an meinen Arbeitsergebnissen kaum noch etwas zu verbessern.			

Wenn es darauf ankommt, ist es mir wichtiger, für meine Interessen einzustehen als von anderen akzeptiert zu werden.			
Verantwortung zu übernehmen fällt mir leicht.			
Statt mehrere Dinge gleichzeitig zu tun, konzentriere ich mich auf das Wesentliche.			
Auch einmal Nein zu sagen fällt mir leicht.			
Wenn ich reif für eine Auszeit bin, gestehe ich mir das ohne schlechtes Gewissen zu.			
Meine Arbeit wird nicht durch Zwischenmenschliches unangenehm beeinträchtigt.			
Ich zeige auch meine unangenehmen Gefühle, weil mir authentisch zu sein wichtiger ist als ein gutes Image.			
Kritik oder Schuldzuweisungen von anderen nehme ich nicht persönlich.			

Konnten Sie in der Spalte 1 Punkte sammeln? Dann sind Sie vielleicht schon zu einem großen Teil mit sich zufrieden. Wie geht es Ihnen jetzt damit, das schwarz auf weiß zu sehen? Haben Sie in der Spalte N Antworten und empfinden dies persönlich als Stress, dann können Sie an der Höhe des Stressfaktors (1–5) erkennen, wie weit Ihr innerer Akku zur Neige geht. Dann ist es sinnvoll, sich mit den betreffenden Themen zu beschäftigen. Jeder Faktor S zeigt wichtigen Handlungsbedarf.

Und zum Abschluss: Schreiben Sie jetzt drei Bereiche auf, in denen Sie sich weiterentwickeln möchten.

Warum es (neurobio-)logisch ist, dass wir so handeln

Haben Sie auch schon etwas Ähnliches erlebt? Es gibt Tage, da scheint alles schief zu gehen. Sie haben schlecht geschlafen, der Kaffee landet auf der Tastatur und die Kunden scheinen an diesem Tag nur unzufrieden zu sein. Als Ihnen eine Projektmitarbeiterin auch noch mitteilt, dass sie heute pünktlich nach Hause gehen möchte, rastet irgendetwas in Ihnen aus und Sie sagen etwas, das Ihnen danach leidtut. Es ist so, als würden Sie für einen Moment von einem Autopiloten gesteuert, der nur eines will: Ruhe und zurück ins innere Gleichgewicht. Leider sind die Strategien, die er wählt, nicht immer zielführend. Die Mitarbeiterin ist weg, Sie plagt jetzt ein schlechtes Gewissen und ein klärendes Gespräch steht zusätzlich an. Aber weshalb rasten wir manchmal aus? Was macht es oft so schwer, die eigenen Emotionen im Zaum zu halten? Die neuesten Erkenntnisse aus der Hirnforschung zeigen, wie wir neurobiologisch funktionieren, und schaffen Verständnis für unser Verhalten.

Das Wunder Gehirn – möglichst vereinfacht dargestellt

Unser Denkorgan ist ungefähr so groß wie zwei Fäuste und beheimatet über hundert Milliarden miteinander verbundene Neuronen (Nervenzellen). Jedes einzelne Neuron ist wiederum mit über zehntausend Verbindungen oder Synapsen mit anderen Neuronen verbunden. Durch das dichte Netz von Nervenverbindungen verarbeitet das Gehirn Sinneseindrücke von Auge, Ohr, Mund, Nase oder dem Tastsinn und schickt Botschaften in alle Bereiche des Körpers zurück. Aber nicht nur das: Es denkt und löst, aufgrund von abgespeicherten Erfahrungen, auch blitzschnell Gefühle in uns aus. Dies macht uns Menschen zu der intelligenten und gefühlvollen Spezies, die wir sind.

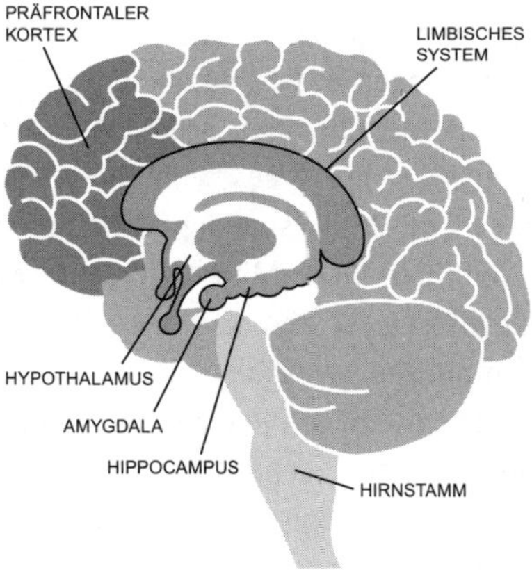

Gehirnregionen, die an unserem Stressprogramm beteiligt sind

Aus bestehenden Strukturen mit sogenannten primitiven Funktionen haben sich im menschlichen Gehirn im Laufe der Evolution neue Strukturen mit höheren Funktionen gebildet. Die drei großen Teile, die sich nacheinander ausgebildet haben, sind der Hirnstamm, das limbische System und der Kortex. Sie alle haben die Aufgabe, uns bestmöglich durch den Tag zu bringen und das Überleben zu sichern.

Der Hirnstamm sorgt fürs Überleben

Der Hirnstamm wurde als ältester Teil unseres Gehirns vor Jahrmillionen ausgebildet und wird auch „Reptilhirn" genannt. Er regelt nicht nur unseren Energiezustand im Körper über Atem und Herzfrequenz, sondern nimmt auch auf das Energieniveau der darüberliegenden Hirnbereiche Einfluss. Er wirkt also direkt auf unser emotionales Gehirn, das limbische System, und auch das Denkhirn, den Kortex, ein. Das Reptilhirn hat sich unserem Überleben verschrieben und sorgt dafür, dass unsere Grundbedürfnisse nach Nahrung, Unterkunft, Fortpflanzung und Sicherheit erfüllt werden. Es spielt besonders dann eine wichtige Rolle, wenn bestimmte Umstände eine rasche Energiemobilisierung in Körper und Gehirn erfordern. Lauert irgendwo Gefahr, aktiviert das Reptilhirn Überlebensreaktionen wie Flucht, Angriff oder Erstarrung. Reaktionen also, die dem Selbsterhalt dienen. An diesem Prozess ist auch das limbische System beteiligt.

Das limbische System – die emotionale Schaltzentrale im Gehirn

Das limbische System hat einen großen Einfluss auf unser emotionales Erleben. In ihm finden unsere angeborenen Grundemotionen wie Freude, Überraschung, Ärger, Neugier, Angst, Trauer, Ekel und Verachtung ihren Ursprung. Diese emotionale Schaltzentrale ist sehr komplex: Das limbische System überprüft ständig, ob das, was wir erleben, dem Leben und unserem inneren Gleichgewicht dient oder nicht. Die Verarbeitung dieser Eindrücke erfolgt dabei so schnell, dass das emotionale Gehirn sozusagen die Arbeit bereits erledigt hat, bevor sich das Denkhirn auch nur zu Wort melden kann. Durch unangenehme Emotionen signalisiert uns das emotionale Gehirn, von negativ Beurteiltem Abstand zu nehmen, und durch angenehme Emotionen signalisiert es uns, uns auf positiv Beurteiltes zuzubewegen. Emotionen sind also wie Wegweiser und bringen uns in Bewegung, wie das lateinische Wort „emovere" = „herausbewegen" treffend beschreibt.

Das limbische System als emotionale Schaltzentrale reguliert außerdem die Art und Weise, wie wir uns gefühlsmäßig mit anderen Menschen verbinden und in Beziehung treten. Denn evolutionsgeschichtlich ist dieser Teil des Gehirns in der Phase der Entwicklung der Säugetiere entstanden. Dementsprechend steuert er Impulse, die der sozialen Natur von Tieren in einem Verbund entsprechen. Kurz: Unser Gehirn ist so verdrahtet, dass wir Bindungen eingehen wollen. Das sichert nicht nur unser Überleben, sondern gibt dem Leben auch einen Sinn.

Der Hypothalamus steuert Hormone

Der Hypothalamus ist ein wichtiger Teil des limbischen Systems. Manche Neurobiologen ordnen diesen Teil auch dem Zwischenhirn zu. Im Austausch mit dem Körper sendet und empfängt er Hormone. Er nimmt unter anderem Einfluss auf die Schilddrüse und die Nebennieren. Erleben wir z. B. Stress, dann setzt der Hypothalamus ein Hormon frei, das die Nebenniere animiert, Cortisol auszuschütten. Dieses kurbelt den gesamten Stoffwechsel an, um genügend Energie für die Bewältigung der Gefahr zur Verfügung zu haben. Bei kurzzeitigem Stress ist das eine hilfreiche Reaktion. Dauert der

Stress jedoch zu lange an, baut der Körper den Cortisolspiegel nicht ab, was zu Überreaktionen und letztendlich auch zu Krankheit führen kann. Die in diesem Buch beschriebenen Wege der Selbstempathie wirken sich regulierend auf den Cortisolspiegel aus. Damit nehmen Sie direkten Einfluss auf Ihre Gesundheit und Ihr Wohlbefinden. Was Selbstempathie bedeutet, erfahren Sie eingehend im Kapitel „Ich mit mir: achtsamer Umgang mit sich selbst."

> Langanhaltender Stress hat einen erhöhten Cortisolspiegel zur Folge, der weder Körper noch Geist gut tut. Die Achtsamkeitsübungen aus diesem Buch helfen Ihnen, dies zu regulieren.

Die Amygdala – unsere Alarmzentrale

Ein weiterer Teil des limbischen Systems, der für unser emotionales Erleben verantwortlich ist, ist die mandelförmige Amygdala. Sie ist unsere Alarmzentrale im Gehirn. Sie reagiert im wahrsten Sinne des Wortes „schneller als man denkt", sprich unbewusst und ohne Verzögerung, auf Gefahr.

Beispiel:

Wenn Sie spazierengehen und plötzlich etwas Längliches an Ihnen vorbeiflitzt, kann es sein, dass Sie sich unvermittelt erschrecken und vielleicht sogar zur Seite springen. Das ist ein plötzlicher Schreckreflex ausgelöst durch ihren Mandelkern, der Sie z. B. vor einer gefährlichen Schlange schützen möchte. Wären Sie darauf angewiesen, erst mit dem Verstand bewusst zu beurteilen, ob das, was Sie gesehen haben, wirklich gefährlich ist oder nicht, wären Sie vielleicht schon gebissen worden. Sobald der erste Schreck vorbei ist, erkennen Sie vielleicht, dass es sich um eine ungefährliche Blindschleiche handelt, und Sie entspannen sich wieder.

Ein weiteres Merkmal der Amygdala ist, dass sie immer im Hier und Jetzt lebt und alte Erinnerungen nicht von der Gegenwart oder Zukunft unterscheidet.

Beispiel:

Jedes Mal, wenn Martin vor der Geschäftsleitung eine Präsentation halten soll, löst allein der Gedanke daran bei ihm Stress und Unbehagen aus. Er bekommt Herzklopfen und Schweißhände. Diese Angst vor Vorträgen verfolgt ihn schon seit der Studienzeit, als er einmal von einem Professor vor seinen Kommilitonen ein vernichtendes Feedback erhalten hatte. Obwohl dieser Vorfall schon viele Jahre zurückliegt, holt ihn die körperliche Reaktion immer wieder im Hier und Jetzt ein.

Unverarbeitete Erlebnisse bleiben regelrecht in der Amygdala „stecken". Sie fluten uns in der Gegenwart unwillkürlich mit starken Emotionen oder Stressreaktionen, für die es scheinbar keine Erklärung gibt. Man kann diesen Mechanismus mit dem Ablagefach „unerledigt" im Büro vergleichen. Schlucken wir Ärger oder verletzende Ereignisse immer wieder hinunter oder werden gar traumatische Erfahrungen nicht verarbeitet, kann das Fach überquellen und die Emotionen der Vergangenheit holen uns plötzlich ein.

Der Hippocampus – unser Archiv

Werden Erlebnisse jedoch verarbeitet, dann wandern diese ins Archiv und erhalten einen Zeitstempel. Dieser hilft zu erinnern, was in der Vergangenheit alles passiert ist. Dieses Archiv im Gehirn wird Hippocampus genannt. Er hilft uns u.a., Erfahrungen zu erinnern und die erlebten Gefühle der Vergangenheit zuzuordnen. In diesem Fall können wir differenzieren, was von dem Erlebten der Vergangenheit und was der Gegenwart angehört. Für Martin aus unserem Beispiel heißt das, er erinnert sich daran, dass er sich damals wegen des verpatzten Vortrags geschämt hat. Gleichzeitig wird er sich bewusst, dass er heute gut vorbereitet ist und sich mit einer leichten Nervosität vielleicht sogar auf die Präsentation freut.

Aufgestaute Emotionen sind ein unberechenbares Pulverfass. Mit Selbstempathie können diese verarbeitet und ad acta gelegt werden.

Unser Denkhirn, der Kortex

Der dritte und letzte Teil des Gehirns, den es zu verstehen gilt, ist der Kortex. Das ist der äußerste und jüngste Teil unseres Gehirns, dessen Oberfläche wie die einer Walnuss aussieht. Er erzeugt unter anderem mit Hilfe unserer fünf Sinne die Wahrnehmung der Außenwelt. Er steuert auch unsere Motorik und Feinmotorik. Ganz vorne in der Stirn, quasi hinter den Augenhöhlen befindet sich der präfrontale Kortex. Er ist eine Art Mittler zwischen Gefühl und Verstand, der die Gefühle, die im limbischen System entstehen, mit den rationalen Abwägungen der Großhirnrinde verschaltet. Dieser Teil hat sich nur beim Menschen in diesem Ausmaß entwickelt und beherbergt wichtige Fähigkeiten, die uns von den Tieren unterscheiden. Hier sind z. B. die Sprachregionen zu Hause, unser Ich-Gefühl und die Moral. Eine ganz besondere Fähigkeit, die hier ebenfalls beheimatet ist, ist das Geschick, uns mitfühlend mit anderen Menschen zu verbinden und Erlebtes zu verstehen. Dadurch sind wir nicht nur in der Lage, andere Menschen zu beruhigen, sondern auch unsere eigenen emotionalen Reaktionen des limbischen Systems und des Stammhirns.

Wir vergleichen den präfrontalen Kortex auch gerne mit der Funktion eines inneren Supervisors. Er koordiniert die Zusammenarbeit zwischen den Abteilungen Kortex, limbisches System und Stammhirn. Er schaut dabei, welche Signale von außen hereinkommen, überprüft diese mit den gespeicherten Erinnerungen und den emotionalen Bewertungen und sucht nach passenden Handlungsmöglichkeiten. Sind diese drei Abteilungen gut miteinander abgeglichen, meistern wir unseren Alltag mit Leichtigkeit. Dann harmonieren die Abteilungen miteinander und unterstützen sich gegenseitig im Erreichen der Ziele. Wir bewegen uns in unserem sogenannten „Toleranzfenster" und können auch schwierige Situationen mit einem klaren Kopf meistern.

Das Stressprogramm im Hirn

Haben wir allerdings zu wenig gegessen oder geschlafen oder ist unser Ablagefach „unerledigt" schon eine Weile nicht mehr bearbeitet worden, kann eine unerwartete Situation unseren Supervisor aus der Bahn werfen. Dann verliert er den Überblick und damit die Fähigkeit, die Amygdala, die jetzt Alarm schlägt, zu beruhigen. Er klinkt sich aus der Verbindung mit dem limbischen System und dem Hirnstamm aus und wir werden von starken Emotionen geflutet. Das ist der Moment, in dem der Autopilot übernimmt und das Überleben sichern möchte. Jetzt stehen nur noch Angriff, Flucht und Erstarrung zur Verfügung, was sich in verbalen Angriffen, Verlust des Einfühlungsvermögens, angstgetriebener Anpassung, Rückzug oder Sprachlosigkeit ausdrücken kann.

> Zu wenig Schlaf, anhaltender Stress oder unerwartete, schockierende Ereignisse schließen unser „Toleranzfenster" und lassen uns schon einmal den Kopf verlieren. Hier gibt es nur Eines: tief durchatmen und wenn möglich eine Auszeit nehmen.

Sobald wir uns wieder entspannen können, kommt unser Supervisor (der präfrontale Kortex) wieder in Verbindung mit dem limbischen System und dem Hirnstamm. Haben Sie auch schon erlebt, dass Sie nach einem verbalen Angriff in einem Meeting sprachlos waren? Kaum sind Sie auf dem Heimweg oder wieder am Arbeitsplatz, fallen Ihnen plötzlich die besten Sätze ein, die Sie hätten entgegenhalten können. Das ist ein Zeichen dafür, dass unser Supervisor die Sprache wieder gefunden hat und dem Gehirn jetzt wieder die volle Kapazität zur Verfügung steht.

Erinnern Sie sich an unser fiktives Beispiel der Mitarbeiterin, die Ihnen in letzter Minute angekündigt hatte, heute pünktlich zu gehen? Sie sind ausgerastet und bleiben mit einem unangenehmen Gefühl zurück, als sie weg ist. Sobald der Supervisor wieder klar denken kann, möchte er verstehen, was da gerade passiert ist. Er sucht nach einer Erklärung für unser unerwünschtes Verhalten. Und da wir dazu neigen, anderen Menschen oder uns selbst die Schuld für unerwünschtes Verhalten zu geben, ist hier die Geburtsquelle von vielen Horrorgeschichten, die wir uns selber erzählen und für wahr halten. Wir nennen das auch Kopfkino. Da wird die Kollegin, die pünktlich nach Hause gehen will, plötzlich eine egoistische, rücksichtslose Person, die nur an sich selbst denkt. Der verurteilende Gedanke löst zwar keine angenehmeren Gefühle aus, doch kann das Gehirn wenigstens (psycho-)

logisch verstehen, was gerade passiert ist. Bleiben wir in dieser Geschichte hängen, dann laufen wir Gefahr, dass dieses Geschehnis im Fach „unerledigt" (Amygdala) liegen bleibt und uns irgendwann wieder einholt. Auch hier setzt die Selbstempathie an. Anstatt den Fokus darauf zu richten, was mit uns oder anderen nicht stimmt, gilt es zu schauen, was wir brauchen und was wir tun können, damit wir zurück in unser „Toleranzfenster" kommen und es uns besser geht. Wie das praktisch funktioniert, zeigen die beschriebenen Alltagssituationen im Kapitel „Akku laden".

Was uns menschlich macht

Die Amygdala-Falle

Haben Sie sich auch schon einmal gefragt, weshalb Menschen manchmal so schnell negativ urteilen?

Beispiel:

Karin ist im Vertrieb einer Software-Firma. Heute ist sie mit ihrem Kollegen vom Produktmanagement bei einem potenziellen Kunden. Als dieser fragt, ob es die Möglichkeit gäbe, noch eine zusätzliche Funktion zu programmieren, stimmt sie ihm sofort zu, weil sie seine Zusage wittert. Doch Heinz, der Produktmanager, macht ihr einen Strich durch die Rechnung. Er wirft ein, dass dies zurzeit nicht möglich sei. Daraufhin erbittet sich der Kunde noch einmal Bedenkzeit. Als Karin das hört, trifft es sie wie ein Schlag. Ihr erster Gedanke ist: „Heinz möchte mich schlecht hinstellen und mir das Geschäft vermasseln!" Erst als sie einen tiefen Atemzug nimmt, erinnert sie sich daran, dass sie mit Heinz bis jetzt immer gut zusammengearbeitet hat. Sie entspannt sich etwas und ist nun wieder offen für das weitere Gespräch.

Karins erster Reflex, die Situation einzuschätzen, ist eine negative Beurteilung. Würde sie sich davon mitreißen lassen, wäre die Wahrscheinlichkeit groß, dass sie mit einer schnippischen Bemerkung einen Gegenangriff lanciert oder sich fluchtartig in ihr Schneckenhaus verkriecht. Aber weshalb neigen die Menschen dazu, so leicht eine schlechte Absicht zu unterstellen?

Das Negative erwarten – ein Instinkt

Auch hier scheint die Hirnforschung eine Antwort gefunden zu haben. Der amerikanische Neuropsychologe Rick Hanson spricht von einer „negativity bias" und beschreibt damit die Bevorzugung des Gehirns, Negatives zu erwarten. Aus rein evolutionärer Sicht ein Instinkt, der das Überleben sichert. Es ist durchaus sinnvoll, dass wir zuerst vor der Gefahr weglaufen, statt uns an den Blumen am Wegrand zu erfreuen. Denn werden wir vom „Säbelzahntiger" gefressen, bewundern wir in Zukunft sicher keine Blumen mehr. Deshalb ist unsere Amygdala (die Alarmzentrale) in unserem Gehirn viel feiner auf „Gefahren" eingestellt als auf positive Erfahrungen.

Beispiel:

Rolf und sein Team kümmern sich seit vielen Jahren um die Abwicklung der Kundenbestellungen. Das Team ist motiviert und bestrebt, jeden Tag sein Bestes zu geben. Rolf schätzt das sehr und drückt das auch immer wieder aus. Positive Rückmeldungen des Managements gibt es jedoch keine. Nach einem Zwischenfall mit finanziellen Folgen, bei dem einem Kunden eine falsche Ware geliefert wurde, gerät das Team auf einmal in den kritischen Fokus des Managements. Die Mitarbeiter sind frustriert, weil sie sich wünschen, dass auch gesehen wird, was funktioniert. Obwohl Rolf den Frust seines Teams gut verstehen kann, merkt er, wie enttäuscht er darüber ist, dass seine Mannschaft seine Wertschätzung nicht mehr wahrnimmt. Es ist ein bisschen so, als würden sich alle nur noch am Negativen orientieren.

Dass wir Menschen uns tendenziell eher am Negativen als am Positiven orientieren, nennen wir auch die Amygdala-Falle. Der Alltag heute ist nicht mehr so lebensbedrohlich wie zur Zeit unserer Vorfahren, als sich diese noch vor Säbelzahntigern retten mussten. Die evolutionsbedingte Negativausrichtung des Gehirns gilt es deshalb im Alltag zu relativieren und mit neuen Augen zu sehen.

Den Fokus auf das richten, was gelingt

In den meisten Teamentwicklungen, die wir begleiten, ist mangelnde Wertschätzung einer der Hauptkritikpunkte. Wertschätzung ist ein Ausdruck von gelingenden Beziehungen. Menschen sehnen sich danach, mit ihrem Engagement und ihrer Kompetenz gesehen zu werden, wie auch das Beispiel von Rolf und seinem Team deutlich aufzeigt. Wertschätzung entspannt Menschen und motiviert sie dazu, sich täglich von Neuem zu engagieren.

Damit uns etwas Positives in Erinnerung bleibt, müssen wir es länger und wiederholter erleben als eine negative Erfahrung. Außer es handelt sich um eine sogenannte „Eine-Million-Euro-Situation", die derart überraschend und positiv erlebt wird, dass sie sofort hängen bleibt. Der Psychologe John Gottman von der University of Washington fand heraus, dass bei Langzeit-Paaren das Verhältnis von positiven zu negativen

Interaktionen in der Beziehung mindestens 5:1 sein muss. Dann besteht eine gute Chance, dass die Paare auch nach langer Zeit noch miteinander zufrieden sind. Die Krux ist, dass wir uns durch die negative Sensibilisierung unseres Gehirns ganz leicht dazu verleiten lassen, uns darauf zu fokussieren, was nicht funktioniert, statt darauf, was das Zusammenleben bereichert. Die gute Nachricht ist aber, dass wir uns jeden Moment neu entscheiden können, unseren Fokus anders zu setzen. Man geht davon aus, dass sich eine positive Erfahrung nur dann in den Langzeitspeicher des Gehirns „einbrennt", wenn die Erfahrung mindestens 10 bis 20 Sekunden anhält und mit allen Sinnen wahrgenommen wird. Je länger wir eine positive Erfahrung wahrnehmen und uns darüber freuen, desto größer ist die Wahrscheinlichkeit, dass wir uns an sie erinnern. Und umso größer ist dann auch die Chance, dass unsere Amygdala für das Negative „desensibilisiert", also weniger empfindlich wird.

Den Fokus auf das Positive auszurichten, trägt nicht nur zu gelungenen Beziehungen bei, sondern auch zum eigenen Wohlbefinden. Das erweitert Ihre Möglichkeiten, hektische Alltagssituationen zu meistern. Damit entwickeln Sie einen von mehreren Schlüsselfaktoren, die sozusagen „das Immunsysem der Seele" stärken. Resilienz nennt man die Kompetenz, Krisen gut zu verkraften und sogar gestärkt aus ihnen hervorgehen zu können.

Positiv wahrnehmen

Vielleicht mag der eine oder die andere sich fragen: Was bringt mir diese „Schönrederei" und das positive Denken, wenn ich den Alltag nicht so erlebe? An dieser Stelle möchten wir positives Denken und positives Wahrnehmen differenzieren. Morgens in den Spiegel zu sehen und zu sich selbst zu sagen „Ich bin schön und erfolgreich", mag hilfreich sein, wenn man sich selbst schon so erlebt. Viele Menschen tun das jedoch nicht, wenn sie in ihren Alltagsproblemen feststecken. Da meldet sich dann vielleicht eine innere Stimme, die unbedingt erst einmal in ihrem Kummer gehört werden möchte. Diesen Schmerz zu würdigen und ihn vorbehaltlos anzunehmen, ist der erste Teil von Selbstempathie. Danach geht es darum herauszufinden, was wir brauchen und verändern möchten.

Beispiel:

Als Sandra erschöpft nach Hause kommt, sieht sie, dass die Spülmaschine immer noch nicht ausgeräumt ist. Kevin wollte sich doch darum kümmern. „Muss ich hier eigentlich alles alleine machen?", stöhnt Sandra leise vor sich hin. Ihre Gedanken suchen nach Beispielen dafür, was sonst auch nicht nach ihrem Geschmack läuft. Der alte Fernseher steht noch im Keller, obwohl Kevin versprochen hatte, ihn zu entsorgen. Der Rasen ist nicht gemäht und ... Stopp! Sandra zieht die Notbremse. Sie fokussiert sich auf sich selbst und wird sich bewusst, wie erschöpft sie gerade ist. Heute war alles etwas viel und sie wünscht sich Unterstützung in der Bewältigung des Alltags. Sie merkt, dass sie sich entspannt. Sie setzt sich aufs Sofa und überlegt, wo sich überall Unterstützung für sie erfüllt. Da fällt ihr ein, dass Kevin ihr kürzlich den PC neu eingerichtet und sich um die Steuererklärung gekümmert hat. Sie erinnert sich, dass ihre Arbeitskollegin ihr heute das Protokollschreiben abgenommen hat. Sie merkt, wie ein Lächeln über ihr Gesicht huscht und wie versöhnt sie plötzlich mit sich und der Welt ist. Ja, es gibt Tage, da ist man erschöpft und sehnt sich nach Unterstützung. Daran ist nichts Schlimmes und es ist auch okay, Kevin das Ausräumen der Spülmaschine zu überlassen. Es muss ja nicht gleich jetzt sein...

Statt den Fokus auf das zu lenken, was nicht in Ordnung ist, richtet Sandra ihre Aufmerksamkeit darauf, wie es ihr geht, und auf das, was sie braucht. Mit dem Bewusstsein, dass sich viele ihrer Bedürfnisse im Alltag erfüllen, sie in ihrer Erschöpfung jedoch wenig Notiz davon nimmt, schafft sie es, vom Mangel in die Fülle zu kommen. Probieren Sie es gleich einmal.

Übung: Aus dem Vollen schöpfen

Machen Sie es sich bequem und überlegen Sie: Welches Bedürfnis ist Ihnen im Leben wichtig? Welches Bedürfnis möchten Sie gerne in seiner Fülle erleben? Wo und wie erfüllt sich dieses Bedürfnis in Ihrem Leben überall? Richten Sie dabei den Fokus auf Lebensbereiche wie Beruf, Hobby, Partnerschaft, Freundschaften, Sport usw. Wenn Sie mindestens fünf Beispiele gefunden haben, schauen Sie sich die Szenen auf einer imaginären Leinwand an: Wie sieht das innere Bild aus, welche Farben herrschen dort vor? Ist es hell oder dunkel, ist es bewegt oder ein Standbild? Was hören Sie, wenn Sie an die Situation denken? Gibt es vielleicht auch einen Geruch oder einen Geschmack, der dazugehört? Dann richten Sie Ihre Aufmerksamkeit auf Ihren Körper: Nehmen Sie wahr, wie sich das genau in Ihrem Körper anfühlt. In welchen Körperregionen nehmen Sie die Zufriedenheit oder Freude wahr, die sich zeigt, wenn sich Ihre Bedürfnisse erfüllen? Und wie genau fühlt es sich dort an? Ruhig, bewegt, warm oder erfrischt? Entspannt oder angeregt? Atmen Sie in diese Körperstelle(n) hinein und sinken Sie für mindestens 20 Sekunden in dieses angenehme Gefühl. Wie geht es Ihnen jetzt?

Mit dieser einfachen, aber effektiven Übung sensibilisieren Sie Ihre Amygdala für das Positive. Das bringt nicht nur Wohlbefinden und Kraft für den Moment, sondern es erweitert bei wiederholter Anwendung auch Ihr „Toleranzfenster" und stärkt den inneren Supervisor.

Aus evolutionären Gründen ist die wichtigste Aufgabe des Gehirns, das (Über-)Leben sicherzustellen. Deshalb reagiert es auf negative Ereignisse sensibler als auf positive. Durch ein aktives Fokussieren auf angenehme Erlebnisse kann die Alarmzentrale in unserem Gehirn desensibilisiert werden. Das beschert mehr inneren Frieden und Glück im Alltag.

Wie graue Hirnzellen wachsen

Wussten Sie, dass unser Gehirn niemals aufhört, sich zu verändern? In der Neurobiologie nennt man diesen Prozess „Neuroplastizität". Täglich machen wir unzählige Erfahrungen. Einige davon sind neu, andere wiederum vertraut. Die Sinnesreize stimulieren unsere Gehirnzellen. Sie feuern elektrische Impulse ab oder empfangen diese von anderen Nervenzellen. Kommt es zwischen Neuronen zu einem Kontakt, bilden sich sogenannte Synapsen. Mit jeder neu gebildeten Synapse verändern sich auch die Vernetzung und damit die Struktur in unserem Gehirn. Wird eine neue Nervenbahn gebildet, ist diese zu Beginn noch unscheinbar. So, als würden Sie sich einen Weg durch eine Blumenwiese bahnen. Je öfter Sie den gleichen Weg gehen, desto eher wird ein Trampelpfad sichtbar. Aus diesem wird dann irgendwann ein Fußweg, eine Straße und vielleicht auch einmal eine (neuronale) Autobahn.

Dieser Prozess spiegelt unser Lernen wider. Je mehr wir etwas trainieren, desto größer und stärker werden also die Nervenbahnen in unserem Gehirn. Der kanadische Arzt und Psychologe Donald Hebb beschreibt das in dem Satz: „Neurons that fire together, wire together." – also: „Was zusammen feuert, verdrahtet sich". Ein anschauliches Beispiel dafür, wie sich die Hirnzellen durch Training vermehren, bieten die Londoner Taxifahrer, die für ihre Taxilizenz 25.000 Straßen und 20.000 Sehenswürdigkeiten lernen müssen. Bei ihnen konnte man nach dem Lernen deutlich mehr graue Zellen im Hippocampus, einem wichtigen Teil des Gedächtnisses und des räumlichen Vorstellungsvermögens, feststellen als vorher.

> Durch gezieltes Training kann unsere Gehirnstruktur verändert werden – und das bis ins hohe Alter. Wenn Sie etwas nur einmal anders tun, haben Sie bereits in Ihrem Gehirn eine neue Struktur angelegt. Wird die neuronale Bahn durch wiederholtes Tun genutzt, entsteht dadurch eine neue Fähigkeit. Wenn nicht, geht die neue Verbindung wieder verloren.

Leben heißt lernen

Haben Sie auch schon einmal inneren Widerstand gespürt, als Sie etwas Neues lernen mussten? Haben Sie auch schon einmal hundert Gründe gefunden, weshalb etwas beim Alten bleiben sollte?

Beispiel:

Sarah hat im Geschäft eine neue Buchhaltungssoftware. Sie ist verzweifelt: Nichts funktioniert mehr wie gewohnt. Jeder Arbeitsschritt dauert doppelt so lange. In einer ersten Phase ist sie angestrengt und frustriert. Sie kann beim besten Willen keinen Vorteil in dieser Software sehen. Erst nachdem sie ein paar Monatsabschlüsse gemacht und einige Erfahrungen gesammelt hat, bekommt sie Freude an dem Programm und sieht die Vorteile, die ihr der Softwarewechsel beschert hat.

Dieses Beispiel macht deutlich, wie schwer es manchmal ist, gewohnte Pfade zu verlassen, und welche Anstrengung damit verbunden ist.

Unser Gehirn arbeitet effizient

Um Energie zu sparen, geht unser Gehirn den Weg des geringsten Widerstandes. Schließlich macht es zwar durchschnittlich nur etwa 2 % unseres Körpergewichts aus, benötigt zur Erfüllung seiner Aufgaben aber rund 20 % der verfügbaren Energie. Wieso also anstrengen, wenn es auch einfach geht? Erschwerend kommt hinzu, dass durch wiederholte Erfahrungen Myelin produziert wird. Dabei handelt es sich um eine Fetthülle, welche die viel gebrauchten Nervenbahnen isoliert und es den Nerven ermöglicht, Signale schnell weiterzuleiten. Dank der Geschwindigkeit und Genauigkeit, mit der solche Signale übermittelt werden, können wir handeln, ohne lange darüber nachzudenken. Diese Myelin-Schicht ist also ein Geschenk, wenn Sie schnell und effizient sein wollen. In unserem Beispiel war Sarah die Anwendung der alten Software so vertraut, dass sie sich keinen Moment fragen musste, wie sie dieses Programm bedienen sollte. Für die neue Software konnten die alten Nervenbahnen aber nicht mehr gebraucht werden. Das Bilden neuer neuronaler Bahnen ist oft mit Stress und emotionalem Schmerz verbunden. Dies gilt es zu würdigen, speziell dann, wenn Ihnen Veränderungen oder Umstrukturierungen zu schaffen machen. Auch wenn sich Menschen unterschiedlich entwickeln und lernen; wir brauchen meist etwas Zeit, bis uns Neues vertraut ist. Das ist unsere menschliche Natur, die es anzunehmen gilt.

Begeisterung und Training helfen

Wollen wir einen Lernprozess – und damit die Synapsenbildung – beschleunigen, dann brauchen wir Begeisterung für das, was wir lernen. Im Körper werden dann Dopamin und Serotonin ausgeschüttet. Nur wenn diese beiden Hormone beteiligt sind, entstehen die Nervenzellenverbindungen, die das Langzeitgedächtnis so dringend braucht. Je begeisterter wir von einer neuen Materie sind, desto einfacher ist es, neue neuronale Autobahnen aufzubauen und sich im Neuen zurechtzufinden. Wie können Sie diese Begeisterung in sich selbst erzeugen? Indem Sie sich bewusst werden, wofür Sie etwas lernen. Wenn Sie einen Sinn darin sehen, werden Sie auch die nötige Energie finden, um Lernschritte umzusetzen. Das gilt auch für die Erkenntnisse und Einsichten, die Sie aus diesem Buch für sich mitnehmen werden. Halten Sie sich vor Augen, dass all das, was Sie hier erfahren, ein Beitrag zu einem kraftvollen und zufriedenen Leben sein kann. Sie werden sich selbst besser kennenlernen, und wenn Sie regelmäßig trainieren, auch mehr Handlungsspielräume in anspruchsvollen Lebenssituationen gewinnen.

Auf einen Blick: Akku leer – wie kommt es dazu?

- Erhöhte Anforderungen im Arbeitsalltag brauchen einen achtsamen Umgang mit den eigenen Kräften.
- Erkennen Sie Ihre persönlichen Hauptstressoren und entscheiden Sie sich heute, in welchen Bereichen Sie sich persönlich weiterentwickeln möchten.
- Unsere biologische Grundausstattung im Gehirn steuert unser Wohlbefinden und unsere Stressprogramme.
- Schlägt die Amygdala, unsere Alarmzentrale im Gehirn, Alarm, tendiert unser Denkhirn (der präfrontale Kortex) dazu, sich auszuklinken. In solchen Momenten werden wir von starken Emotionen geflutet und können nicht mehr klar denken.
- Der menschliche Überlebensinstinkt führt Menschen dazu, sich sensibler am Negativen zu orientieren als am Positiven. Wir nennen dies die Amygdala-Falle. Fokussieren Sie sich auf das, was im Leben gelingt und woraus Sie Kräfte schöpfen. Sie steigern damit Ihre Stressresistenz.
- Begeisterung für eine neue Materie begünstigt das Lernen neuer Fähigkeiten.

Was braucht Ihr Akku?

Nach einem Einblick in die Tiefe des Gehirns möchten wir Sie jetzt an die Wurzeln für nachhaltige Selbststärkung führen. Erst wenn Sie wissen, was Sie wirklich brauchen, können Sie Schritte entwickeln, die Ihrem Leben guttun und mit denen Sie zielgerichtet vorwärtskommen. Damit meistern Sie Ihren Alltag mit mehr Klarheit und Leichtigkeit. Es gilt jetzt also, sich bewusst zu werden, was Ihr persönlicher Akku braucht, um leistungsfähig zu bleiben.

In diesem Kapitel lesen Sie,

- wie Sie achtsam mit sich selbst umgehen können,
- wie Sie Grübeleien stoppen und wieder handlungsfähig werden,
- welche innere Haltung Sie auf Ihrem Weg unterstützen kann und
- welche Rolle das Modell der Gewaltfreien Kommunikation dabei spielt.

Ich mit mir: achtsamer Umgang mit sich selbst

Hand aufs Herz: Sind Sie so einfühlsam mit sich selbst wie mit Ihrer besten Freundin oder Ihrem besten Freund? Sind Sie bereit, sich selbst so zuzuhören, wie Sie einem Menschen zuhören, den Sie besonders schätzen? Oder neigen Sie eher dazu, sich zu verurteilen, wenn etwas schiefläuft?

Die Art und Weise, wie wir in schwierigen Situationen mit uns umgehen, trägt maßgeblich dazu bei, ob wir seelisch und gesundheitlich ausgeglichen sind oder nicht. Was viele schon intuitiv wissen, belegt Kristin Neff, Professor in Human Development and Culture, von der University of Texas in Austin durch ihre Forschungsergebnisse: Wer empathisch (einfühlsam) mit sich selbst umgehen kann, leidet seltener unter Depressionen und Ängsten. Er verkraftet auch Schicksalsschläge besser als Menschen, die sich eher kritisch begegnen. Selbstempathie ist ein wesentliches Element der Gewaltfreien Kommunikation, einem Ansatz, den der US-amerikanische Psychologe Marshall B. Rosenberg entwickelt hat. Er zeigt auf, wie wir aus der Dynamik der Selbstvorwürfe wieder in eine Lebenskraft zurückfinden, die uns auch in hektischen Momenten handlungsfähig hält.

Unter Selbstempathie verstehen wir die Fähigkeit

- verständnisvoll und einfühlsam mit sich selbst zu sein, wenn uns etwas nicht gelingt, wir uns unerwünscht verhalten, Schmerz oder Einsamkeit empfinden.

- Anzuerkennen, dass wir Menschen sterblich, verletzlich und fehlbar sind. Und dass wir mit dem Schmerz, der daraus entsteht, nicht alleine sind. Dieses Menschsein verbindet uns mit allen anderen Menschen.
- Sich selbst zu reflektieren: eigene Gefühle wahrzunehmen, anzuerkennen und sich mit der dahinterliegenden Motivation zu verbinden; eigene Gedanken zu erkennen und diese von Fakten zu trennen.

Was Selbstempathie nicht bedeutet:

- Im Selbstmitleid zu versinken und in dem Gedanken stecken zu bleiben, dass man der einzige Mensch auf Erden ist, der so fühlt.
- Sich mit Selbstvorwürfen niederzumachen oder sich für sein Handeln zu bestrafen.
- Eigene Gefühle mit dem Leid anderer zu vergleichen und dann das eigene Erleben zu verharmlosen.
- Andere für unsere Gefühle verantwortlich zu machen.
- Sich mit Essen, Trinken, Fernsehen, Einkaufen oder Arbeit über Schmerz hinwegzutrösten.

Es geht also um die Kunst, sich selbst auch in schwierigen Lebenssituationen anzunehmen. Das bedeutet auch Selbstfürsorge, denn wir werden daran erinnert, dass wir für unser Wohlbefinden die Verantwortung übernehmen können. Wenn es Ihnen gelingt zu merken, wann Sie eine Auszeit brauchen, dann können Sie wieder mit sich selbst und Ihren Bedürfnissen in Kontakt kommen und herausfinden, wie Sie für sich sorgen und Ihren Akku aufladen können.

Das Grübelkarussell stoppen

Wenn sich ungünstige Verhaltensmuster wiederholen, brauchen wir mehr Aufmerksamkeit für unser Innenleben. Andernfalls laufen wir Gefahr, in einer Sackgasse steckenzubleiben. Ärger, Schuld, Scham oder depressive Verstimmung sind Anzeichen dafür, dass wir in einem selbstverurteilenden Denken gefangen sind. Das löst Leid, Enge und Unbehagen aus.

Beispiel:

Seit fast einem Jahr hat der Autoverkäufer Bruno einen Interessenten an der Angel. Geduldig hört er sich bei mehreren Besuchen dessen verschiedenste Sonderwünsche an und hat jetzt die perfekte Lösung parat – ein Neuwagenangebot der Luxusklasse zu einem konkurrenzlos günstigen Preis. Das hat ihn eine Menge Schweiß gekostet. Kurz vor Vertragsabschluss sagt der Kunde den Termin ab, weil er sich für ein anderes Angebot entschieden hat. Bruno ist außer sich, sein Kopfkino läuft auf Hochtouren: „Das darf doch nicht wahr sein! Ich habe mich für ihn krumm gemacht und jetzt springt er ab!" Der Ärger verfolgt ihn noch tagelang. Dazu mischen sich dann auch einige sehr unangenehme Gedanken: „Hätte ich mich doch noch mehr ins Zeug legen können? Vielleicht habe ich seine Wünsche nicht gut genug umgesetzt?"

Ärger und Schulddenken können sich nach innen und nach außen richten. Scham und depressive Verstimmung lenken die Aufmerksamkeit eher nach innen.

Wie gesagt entstehen diese Gefühle durch die Art und Weise, wie wertend wir über uns und andere denken. Überprüfen Sie dazu Ihren eigenen inneren Dialog: Was sagen Sie zu sich, wenn Sie einen Termin verpasst haben, Ihre Wünsche abgelehnt werden, der Kunde noch mehr von Ihnen erwartet oder kurzfristig abspringt? Das nebenstehende Symbol signalisiert erst einmal: Achtung! Seien Sie ehrlich zu sich selbst und wachsam für die inneren (Vor-)Urteile, die Sie gegenüber anderen oder sich selbst haben.

Selbst-Check: Wie bewerten Sie sich selbst?

Die folgende Tabelle listet eine Reihe von inneren Selbstvorwürfen und Urteilen auf, die nach außen gerichtet sind. Welche inneren Sätze sind Ihnen vertraut? Welche Gefühle würden Sie diesen Sätzen zuordnen? Benutzen Sie dazu die Ziffern 1 bis 5: Ärger **1**, Schuld **2**, Scham **3**, depressive Verstimmung **4**, anderes **5**.

Wie reden Sie innerlich mit sich, wenn etwas nicht so gelungen ist, wie Sie sich das gewünscht haben?		
▪ Mist, das hätte nicht passieren dürfen!		2
▪ Das hätte ich wissen müssen!		3
▪ Ich habe es nicht gut genug gemacht.		3
▪ Wie stehe ich jetzt da?		1
▪ Was denken die anderen von mir?		3
▪ Warum passiert das immer nur mir?	Frust	5
▪ Wie unfair. Das darf man nicht machen!		1
▪ Die setzen die Sitzungszeiten so eng an.		1
▪ Das hat alles keinen Sinn mehr.		4

Die Gefühlskategorien 1 bis 4 zeigen, dass unser Befinden von gedanklichen Konzepten beeinflusst wird. Diese werden oft von der Illusion genährt, dass wir Menschen vollkommen sind. Diese selbst gesteckten hohen Ideale, die uns zu Perfektionismus verleiten oder dazu, diesen anderen abzuverlangen, sind über kurz oder lang zum Scheitern verurteilt: Entweder wir erreichen das Ideal oder wir sind wertlos. Das löst unangenehme Gefühle aus, die uns oder andere in die Enge treiben. Die Chancen, wieder produktiv handeln zu können, schwinden. Hier wird deutlich, wie die inneren Stressprogramme im Hirn greifen und der Autopilot übernimmt.

Annehmen, was ist

Haben Sie auch schon gedacht: „Das darf doch nicht wahr sein!?!" Je mehr Sie sich diesem Gedanken hingeben, desto größer wird der Schmerz oder das Entsetzen.

Beispiel:

Samuel ist spät dran. Gestresst setzt er sich ins Auto und rast los. Heute ist es wie verhext! Alle fahren langsam und die Ampeln stehen ständig auf Rot. Samuel ärgert sich: „Das darf doch nicht wahr sein!!! Sind denn heute nur Idioten auf der Straße?"

Das Leben zeigt immer wieder: Es ist nicht perfekt. Manchmal sind die Umstände ungünstig, und wir oder andere handeln nicht nach unseren Vorstellungen. Es ist das Auflehnen gegen die Tatsache, dass Dinge, die unangenehme Gefühle auslösen, so sind, wie sie sind. Samuels Gedanke, dass seine Verspätung nicht wahr sein darf, oder die Erwartung, dass alle zur Seite fahren müssen, wenn er kommt, entsprechen einfach nicht der Realität. Der Widerstand gegen das, was ist, löst Ärger aus, bringt Samuel jedoch nicht schneller ins Büro.

Um das Ganze etwas überspitzt zu formulieren: Sich gegen das aufzulehnen, was ist, entspricht der Illusion, die Erdumdrehung stoppen zu können. Da hilft die ganze Anstrengung nichts. Die Erde dreht sich trotzdem weiter. Sie kümmert sich nicht darum, ob etwas so sein darf oder nicht. Zurück bleiben Ärger, Frustration und eine große Portion Erschöpfung.

Der Buddhist Shinzen Young hat die folgende Formel aufgestellt: Leiden = Schmerz x Widerstand. Sie zeigt, auf welche Weise das Leiden in unserer Gesellschaft entsteht. Es ist der Widerstand dagegen, dass gewisse Situationen im Leben unweigerlich schmerzhaft sind. Würde Samuel die Situation einfach annehmen, wie sie ist, wäre er zwar immer noch spät dran, würde aber viel entspannter fahren. Vielleicht bekommen Sie eine Idee davon, welcher Sog daraus entstehen kann, in dieser inneren Auflehnung gefangen zu sein? Um aus so einem Strudel wieder heraustreten zu können, braucht es die Fähigkeit, anzunehmen was ist.

Übung: Annehmen und sinken lassen

Nehmen Sie einen festen Stand mit beweglichen Knien ein. Folgen Sie mit Ihrer Aufmerksamkeit Ihrem Atem und spüren Sie, wie er in den nächsten Zügen mehr und mehr in die Bauchregion sinkt. Die Hände unterstützen dies, indem sie auf Bauchnabelhöhe übereinander gelegt sind. Der Blick bleibt dabei geradeaus und offen. Mit dem nächsten tiefen Einatmen durch die Nase bewegen Sie Ihre Arme zu den

Körperseiten in die Waagrechte. Heben Sie Ihre Arme mit den Handflächen nach oben bis über den Kopf, während der Blick folgt. Dort schließen Sie die Handflächen.

Mit dem Ausatmen durch den Mund senken Sie die Hände mit aneinandergelegten Handflächen entlang der Mittelachse vor dem Körper nach unten, während Kopf und Augen folgen. Nehmen Sie wahr, wie Sie leer werden. Sind die Hände etwa unter Beckenhöhe angelangt, kommt wie von selbst der Impuls zum nächsten Einatmen. Der folgende Kreis des Einatmens beginnt, während sich die Arme wieder auseinander in die Seitenachsen bewegen mit nach oben geöffneten Handflächen.

Wiederholen Sie diese Bewegung etwa 3 bis 5 Mal, begleitet von der inneren Vorstellung: annehmen und sinken lassen. Zum Abschluss liegen die Hände wieder auf der Bauchdecke. Nehmen Sie jetzt eine Veränderung wahr?
(Quelle: Gaußmann/Schmidt.: Der HerzKreis, 2004)

Halten Sie sich immer wieder vor Augen: Menschen sind keine perfekten Roboter, sondern Wesen mit Herz und Verstand, die täglich ihr Bestes geben. Und selbst wenn wir uns engagieren, ist die Wahrscheinlichkeit gegeben, dass unser Verhalten uns selbst oder anderen manchmal nicht gefällt. Wir verwenden viel Kraft, uns gegen etwas zu wehren, anstatt es anzunehmen. Durch Akzeptanz der Tatsachen und durch unsere Empfindsamkeit entsteht innere Stärke. Denn dadurch kommen unsere Lebenskräfte wieder in Bewegung. Wir können dann kraftvoller handeln, nämlich aus innerer Verbundenheit und Authentizität heraus.

> Sich gegen schmerzliche Erlebnisse und das eigene Empfinden zu wehren, ist auf Dauer ein „unmenschlicher" Kraftakt. Sorgen Sie für Ihre Gesundheit, steigen Sie aus dem Grübelkarussell aus und nehmen Sie an, was ist – der erste Schritt, um wieder handlungsfähig zu werden.

Die Haltung der Gewaltfreien Kommunikation fördert den konstruktiven Umgang mit sich selbst. Mit der Struktur des Modells werden Sie dabei unterstützt, auch in hitzigen Situationen wieder die Spur zu sich selbst aufzunehmen.

Auf die Haltung kommt es an

Sie können täglich wählen, wie Sie mit sich selbst umgehen möchten. Sind Sie wirklich bereit, sich wie Ihren besten Freund, die beste Freundin zu behandeln? Wie gehen Sie mit sich um, wenn einmal etwas danebengegangen ist? Sind Sie in der Lage, nach den guten Absichten zu forschen, die hinter Ihrem Handeln oder dem Handeln anderer standen? Unsere Gesellschaft ist so geprägt, dass wir bei Konflikten vorwiegend danach suchen, was falsch war oder wer daran schuld ist. Das lernen wir meist schon früh in der Familie, in Schulen, Universitäten und später auch im Arbeitsleben. Dann wundert es nicht, dass es schwerer fällt, den Blick auf das zu richten, was gut gelaufen ist. Die Leitlinien der Gewaltfreien Kommunikation sind nicht nur im Kontakt mit anderen hilfreich. Sie unterstützen auch dabei, die Haltung sich selbst gegenüber zu überprüfen.

Leitlinien der Gewaltfreien Kommunikation

- Alles, was Menschen tun, dient der Erfüllung von Bedürfnissen.
- Menschen tun zu jedem Zeitpunkt das Beste, was ihnen gerade zur Verfügung steht.
- Jede Form von (Selbst-)Kritik, -Urteilen oder -Vorwürfen ist Ausdruck von Bedürfnissen.
- Jeder Mensch hat bemerkenswerte Ressourcen, die ihm erfahrbar werden, wenn er mittels Empathie mit ihnen in Kontakt kommt.

Stellen Sie sich vor, Sie machen sich diese Annahmen zu eigen – wie wirkt sich das auf Ihren Umgang mit sich selbst aus? Wenn Sie sich auf diese wertschätzende Haltung besinnen, dann können Sie auch in prekären Situationen eine andere Blickrichtung einnehmen – nämlich sich selbst nicht als unzulänglich zu betrachten, sondern als wertvollen Menschen, dem Fürsorge und Zuwendung erlaubt sind.

Das Modell der Gewaltfreien Kommunikation

Die Gewaltfreie Kommunikation (GFK), von uns auch Wertschätzende Kommunikation genannt, wurde von dem US-amerikanischen Psychologen Marshall B. Rosenberg entwickelt und in über 40 Jahren weltweit verbreitet. Als international anerkannter Konfliktmediator setzte er sie rund um den Globus ein, so z.B. in Kriegs- und Krisengebieten wie Afghanistan, Israel und Palästina, um festgefahrene Konflikte zu entschärfen. Doch genauso in Schulen, Kliniken, im Management und in Familien zeigt sich sein Ansatz als wirkungsvoll, um vom verbalen Schlagabtausch zum friedlichen Miteinander zu kommen.

Was ist sprachliche Gewalt?

Sprachliche Gewalt oder Dominanz findet sich in Formulierungen, die das Verhalten anderer auf- oder abwerten, anklagen oder ignorieren: „Nehmen Sie sich ein Beispiel an den Kollegen.", „Das war nicht klug von Ihnen." oder „Das ist unwichtig." Verantwortung zu leugnen ist eine weitere Variante: „Ich kann nicht anders, ich muss ..." Vorwürfe, Rechthaberei, schweigender Rückzug, Beschwichtigungen oder gar Drohungen wirken in Auseinandersetzungen eskalierend: „Das hätten Sie besser nicht getan." oder „Wenn Sie die Zusage nicht einhalten, können Sie auch nicht das neue Projekt übernehmen." Solche Art der Verständigung mag kurzfristig zum Durchsetzen eigener Interessen beitragen. Werden jedoch die Anliegen anderer nicht berücksichtigt, sinkt das Vertrauen und die Bereitschaft zur Kooperation.

Beispiel:

Projektleiterin: „Sie haben mich wieder nicht informiert, dass Fehler aufgetreten sind (Pauschalisierung, Verallgemeinerung). Ich habe das Gefühl, Sie ignorieren unsere Absprachen (Analyse, wertender Gedanke, Schuldzuweisung). So eine unzuverlässige Arbeitsweise kann ich nicht akzeptieren (moralisches Urteil). Ich möchte, dass das nicht noch einmal vorkommt (frommer Wunsch)." Mitarbeiter: „Ich habe keine Zeit gehabt, weil ich das Problem lösen wollte." (Rechtfertigung)

> Projektleiterin: „Dann müssen Sie eben andere Prioritäten setzen (Belehrung, Ratschlag). Ich erwarte das von Ihnen (Befehlen, Anordnen)."

Zugegeben, dieser Dialog treibt es mit der sprachlichen Gewalt etwas auf die Spitze. Doch kommt Ihnen einiges bekannt vor? Diese Sprachmuster haben sich in unserem Gesellschaftssystem als fast salonfähig eingeschlichen. Dann wundert es nicht, wenn die Freude an der Arbeit schwindet. Als weitere traurige Konsequenz folgt, dass wir im Umgang mit uns selbst manchmal genauso wenig auf der Hut sind.

> Nehmen Sie Ihre bewertenden Sprachmuster unter die Lupe. Wenn Sie sich Ihrer eigenen (Vor-)Urteile bewusster sind, steigen die Chancen, mit sich selbst und mit anderen verträglicher umzugehen.

Mit der Sprache Türen öffnen

GFK verbindet faktische Klarheit mit emotionaler Intelligenz in einer handlungsorientierten Sprache. Anstatt bei Störungen im Miteinander nach Fehlern und Schuldigen zu suchen, wenden Sie den Blick in eine andere Richtung. Auf diese Weise können Sie Türen öffnen:

- Was genau ist passiert?
- Wie geht es mir dabei und was ist der Kern meines Anliegens?
- Worum kann ich andere bitten, damit meine Bedürfnisse respektiert werden?

Diese Art von Verständnis für sich selbst schafft erst die Grundlage dafür, anderen einfühlend begegnen zu können. Danach ergründen Sie die Welt des Gegenübers:

- Wie sieht die andere Person die Situation?
- Wie geht es ihr möglicherweise und was könnten ihre Kernanliegen sein?
- Was hätte sie gerne von mir oder anderen?

Der Fokus liegt zunächst darauf, miteinander in Kontakt zu kommen. Was sind die wirklichen Anliegen hinter den Positionen? Sind diese auf beiden Seiten gefunden, ist der Schritt zu Lösungen nicht mehr weit.

Verantwortung übernehmen durch positive Handlungssprache

Bei Störungen im Miteinander können Sie also mit der GFK offen und ehrlich Klartext reden. Sie übernehmen Verantwortung für Ihr eigenes Handeln und sagen Ihrem Gegenüber konkret und ohne Anklage, was Sie gerne anders hätten. Auf diese Weise wahren Sie auch die Grenzen der anderen Person und erhöhen die Bereitschaft zur Kooperation. Die GFK macht dies mit Hilfe von vier Schritten möglich. Dieser Rahmen gibt Ihnen eine Orientierung in Form eines Geländers, an das Sie jederzeit greifen können. Vor allem führt Sie diese bewusste Wahl der Sprache dahin, eine Haltung von Eigenverantwortung und Gleichwertigkeit zu fördern.

Die vier Schritte der Gewaltfreien Kommunikation	
1	Beobachten, ohne zu bewerten: Was ist geschehen? Worauf beziehen Sie sich im Gespräch?
2	Befinden ohne Gedanken oder Analysen: Wie geht es Ihnen, wenn Sie das sehen, hören, wahrnehmen?
3	Bedürfnisse, nicht an bestimmte Personen oder Objekte gebunden: Welches Bedürfnis kommt im Moment zu kurz und will respektiert oder erfüllt werden?
4	Bitten und konkrete Handlungsstrategien, an bestimmte Personen gebunden: Was wollen Sie jetzt konkret tun, um Ihr Bedürfnis zu erfüllen?

Die folgende Übersicht beschreibt den Prozess der Gewaltfreien Kommunikation in Form der liegenden Acht.

ICH Aufrichtigkeit	Ziel des Dialogs: Die wertschätzende Verbindung	DU Empathie
Sich selbst wahrnehmen und aufrichtig ausdrücken 1. Beobachtung 2. Befinden 3. Bedürfnis 4. Bitte		Die andere Person wahrnehmen, empathisch zuhören 1. Beobachtung 2. Befinden 3. Bedürfnis 4. Bitte

Die Gesprächsinitiatorin im folgenden Beispiel richtet ihre „Sensoren" zunächst nach innen, um sich klarzumachen, worum es ihr geht. In vier Schritten drückt sie dann ihr Anliegen klar aus, wie die aufrichtige Selbstmitteilung zeigt.

Beispiel:

1. Blick nach innen

Projektleiterin: „Ich habe von der Nachbarabteilung gehört, dass der Prozess nicht gemäß Vereinbarung abgelaufen ist. (Beobachtung). Das beunruhigt mich (Befinden), denn mir liegt daran, dass ich mich auf Absprachen verlassen kann. Ich brauche auch Klarheit über alle Vorkommnisse (Bedürfnisse). Bitte sagen Sie mir, was Sie brauchen, um mich sofort zu informieren, wenn etwas nicht wie vereinbart läuft (Bitte)." Mitarbeiter: „Ich war so damit beschäftigt eine Lösung zu finden, dass ich nicht daran gedacht habe, Sie zu informieren."

Nach der Antwort des Gegenübers richtet die Initiatorin ihre „Sensoren" nach außen. Empathisch auf andere einzugehen, bedeutet zunächst einmal, die Brille des Wohlwollens aufzusetzen und die guten Absichten hinter dem Handeln neugierig zu erforschen. Der Prozess der Empathie ist nicht linear, sondern folgt den Anliegen der anderen Person eine Weile, bis eine erste Entspannung eintritt.

Beispiel:

2. Blick nach außen

Projektleiterin: „Sie wollten sich gleich um eine Lösung kümmern (Beobachtung). Geht es Ihnen darum, die Prioritäten selbst zu setzen (Bedürfnis)?" Mitarbeiter: „In so einem Fall schon, weil der Kunde seinen Vertrag erfüllt haben will." „Ist Ihnen dabei wichtig, verlässlich zu sein?" – „Natürlich."

Wenn die Bedürfnisse des Gegenübers erkannt sind, geht die Aufmerksamkeit zurück zur Gesprächsinitiatorin. Der Wechsel zwischen beiden Seiten wiederholt sich so lange, bis alle Anliegen auf dem Tisch sind. Erst danach können Lösungen verhandelt werden, die beide zufriedenstellen.

Beispiel:

3. Lösungen verhandeln

Projektleiterin: „Da haben Sie einiges daran gesetzt, um den Auftrag weiterzubringen, das erleichtert mich, danke. Gleichzeitig bin ich noch unruhig (Befinden), denn mir ist wichtig, einbezogen zu sein, bei Dingen die mich betreffen (Bedürfnis). Können Sie mir zusagen, mir künftig eine Notiz zu geben, wenn Probleme auftreten (Bitte)?" – „Das kann ich machen. Reicht Ihnen eine kurze Mail?" – „Einverstanden."

Nehmen Sie eine Idee davon mit, was Worte bewirken können? Sie können Türen schließen oder öffnen. Wenn es Ihnen gelingt, sich in die Schuhe von anderen zu stellen, dann steigen die Chancen für eine friedvolle Verständigung und dafür, dass jeder bekommt, was er braucht.

Nehmen Sie die einzelnen Schritte unter die Lupe, um zu erfahren, was die Gewaltfreie Kommunikation so wirkungsvoll macht – im Miteinander genauso wie im Umgang mit sich selbst.

1. Beobachtung

Unser Symbol steht für „die Szene im Kasten" und gibt eine wertfreie Beschreibung des Geschehens wieder, als ob Sie einen Film drehen würden. Gelingt es Ihnen, die real geschehene Situation faktisch zu beschreiben, dann sinkt die Gefahr, in Widerstände zu laufen. Ihr Gesprächspartner erfährt konkret, worauf Sie sich beziehen und kann dadurch offen bleiben, ohne zu korrigieren oder sich zu rechtfertigen. Vermeiden Sie Verallgemeinerungen und Pauschalisierungen.

Beispiel:

Auf die Verallgemeinerung: „Sie kommen häufig zu spät." folgt in vielen Fällen eine Antwort wie: „Was meinen Sie damit? Gestern war ich doch pünktlich." Auf die konkrete Beschreibung „In den letzten zwei Meetings kamen Sie etwa eine halbe Stunde später als vereinbart." kann der Angesprochene anders reagieren.

2. Befinden

Das Befinden spiegelt Ihre Emotionen wider, die wie Wellen kommen und gehen – deshalb verwenden wir dafür ein Wellensymbol.

Gefühle sind schneller als der Verstand. In Sekundenbruchteilen bewerten wir Situationen als angenehm, gefährlich, spannend usw. Wie im Kapitel über Neurobiologie beschrieben, kann das lebensrettend sein. Gleichzeitig können wir unsere Befindlichkeiten auch als Wegweiser im Alltag nutzen. Sie zeigen uns, ob etwas stimmt oder nicht stimmt, ob Bedürfnisse erfüllt werden oder auf der Strecke geblieben sind.

Wie ein Bordcomputer im Auto gibt Ihnen Ihre emotionale Intelligenz die Richtung an. Melden sich eher angenehme Gefühle, dann sind Sie vermutlich im Fluss Ihrer Lebensenergie, weil sich Bedürfnisse erfüllt haben. Nehmen Sie eher unangenehme Gefühle wahr, dann zeigen diese an, welche Bedürfnisse erfüllt werden wollen.

Gefühle sind also ständig da, sie kommen und gehen manchmal innerhalb von Sekunden. Versuchen wir, starke Gefühle zu unterdrücken, selbst Trauer oder Schmerz, so entsteht bei anderen Irritation und dadurch Raum für Interpretationen. Nicht selten wird dies als Aggression oder Arroganz gedeutet. Im Kontakt mit anderen seine Befindlichkeiten zu zeigen, erhöht dagegen die Chancen, als Mensch gesehen zu werden. Sie können auf diese Weise Türen öffnen. Verletzlichkeit zuzulassen, bedeutet Stärke und innere Reife. Wir haben lange gelernt, Emotionales unter Verschluss zu halten. Das ist, als ob Sie ständig einen luftgefüllten Ballon unter Wasser drücken wollen. Beschäftigen Sie sich jetzt mit diesen inneren Anteilen, dann kommen Sie mit Ihren inneren Kräften in Kontakt. Sie brauchen keine Energie mehr dafür aufzuwenden, etwas Unangenehmes zu verdrängen. Erweitern Sie deshalb Ihr persönliches Gefühlsrepertoire, um sich authentisch zu zeigen.

Befinden und Gefühle – wenn sich Bedürfnisse erfüllen	Befinden und Gefühle – wenn sich Bedürfnisse nicht erfüllen
angeregt, begeistert, beruhigt	alarmiert, angespannt
erfreut, ermutigt, erleichtert	ärgerlich, besorgt
erwartungsvoll, froh	bestürzt, beunruhigt, eng
gelassen, gutgelaunt	entmutigt, erschöpft, erstaunt
hoffnungsvoll, inspiriert	ernüchtert, frustriert
neugierig, optimistisch	geladen, gestresst, irritiert
schwungvoll, vergnügt	misstrauisch, müde, nervös
vertrauensvoll	perplex, ruhelos, überrascht
voller Tatendrang	unbehaglich, unter Druck
zufrieden, zuversichtlich	unzufrieden, verwundert

Erinnern Sie sich vielleicht an Situationen, in denen jemand Gefühle geäußert hat und Sie selbst einen Angriff gehört haben? Das mag daran liegen, dass wir in unserem Sprachgebrauch Gefühlswörter verwenden, die gar keine Gefühle sind, sondern Urteile darüber, was andere uns scheinbar angetan haben.

Statt zu einem verbindenden Kontakt kann diese Wortwahl in die Enge führen. Denn das Gegenüber sieht sich möglicherweise angegriffen und versucht, sich zu rechtfertigen oder zu kontern. In der GFK nennen wir diese Gefühle „Pseudo-Gefühle", also wertende Gedanken, die als Vorwurf, Schuldzuweisung usw. gehört werden können. Das kann beispielsweise sein: Ich fühle mich angegriffen, eingeengt, ignoriert, manipuliert ... Ich fühle mich nicht ernst genommen, nicht verstanden ... Ich fühle mich über den Tisch gezogen ...

Beispiel:

Welche Wirkung erleben Sie bei folgenden unterschiedlichen Aussagen?

„Mit der Entscheidung zum Personalabbau werden wir in die Enge getrieben ..." oder „Zu hören, dass in unserem Team zwei von 15 Stellen abgebaut werden sollen, besorgt mich. Mir ist wichtig, eine Perspektive für alle Beteiligten zu haben ..."

Sich mit der eigenen Befindlichkeit als Mensch zu zeigen, macht Sie authentisch. Das erhöht bei den Beteiligten in der Regel die intrinsische Motivation, also die Motivation, eine Aufgabe um ihrer selbst willen zu bewältigen. Herausfordernde Situationen können so besser verstanden und mitgetragen werden. Gefühle sind wichtige Informationen. Sie zeigen uns, was wir brauchen. Sprechen wir sie offen aus, entsteht Nähe und Vertrauen (z.B. „Ich bin betrübt ..."). Verwechseln wir stattdessen Gefühle mit wertenden Gedanken (z.B. „Ich fühle mich ausgenutzt."), wirken diese auf andere nicht selten wie ein Keulenschlag: Wir machen den anderen damit zum Täter. Denn wertende Gedanken verbergen eine Schuldzuweisung („Du hast mich ausgenutzt!") und geben jemandem indirekt die Schuld für etwas, wofür wir vielleicht ungern selbst die Verantwortung übernehmen möchten. Auf diese Weise in die Opferrolle zu gehen, bedeutet auch ein Stück Selbstentwertung.

Gefühle sind wichtige Informationen. Sie zeigen uns selbst, was wir brauchen. Sprechen Sie sie offen aus, schafft das Nähe und Vertrauen. Sich damit als Mensch zu zeigen, erhöht die Bereitschaft zum Miteinander.

3. Bedürfnis

Die Bedürfnisse sind der Kern des Gespräches. Damit bringen Sie Ihr Anliegen auf den Punkt – deshalb das Symbol des Punktes.

Bedürfnisse sind der Dreh- und Angelpunkt unseres Handelns. Werden sie respektiert oder sogar erfüllt, dann trägt das zu unserem emotionalen und physischen Gleichgewicht bei. Alle Menschen haben die gleichen Bedürfnisse, wenn auch in unterschiedlichen Situationen und zu unterschiedlichen Zeiten. Deshalb sind sie auch ein verbindendes Element in der Kommunikation. Bedürfnisse sind nicht an bestimmte Personen oder Objekte gebunden. Deshalb können sie auch auf unzählige Arten erfüllt werden.

Übersicht über einige Bedürfnisse
Anerkennung, Akzeptanz, Aufrichtigkeit, Austausch, Authentizität
Balance von Spannung und Entspannung, Beitrag leisten
Einbezogensein, Entwicklung, Empathie, Einfluss nehmen
Feiern, Freiheit, Frieden, Gemeinschaft, Glaubwürdigkeit
Gleichwertigkeit, Harmonie, Integrität, Inspiration
Kooperation, Klarheit und Struktur, Kreativität, Offenheit
Orientierung, Respekt, Ruhe, Regeneration, Rücksichtnahme
Sicherheit der Existenz, Sinn, Selbstbestimmung, Selbsterhalt, Unterstützung →

Übersicht über einige Bedürfnisse
Verbundenheit, Verlässlichkeit, Verstehen, Vertrauen
Vorankommen, Wachstum, wahrgenommen werden, Wertschätzung
Zugehörigkeit, Ziele und Träume realisieren, Zuwendung

Oft werden die Strategien, mit denen wir Bedürfnisse erfüllen wollen, mit Bedürfnissen verwechselt. Das erkennen Sie daran, wenn Sie eine feste Vorstellung davon haben, wie etwas gemacht werden sollte. Dadurch wird es eng und es wird um Positionen gekämpft.

Beispiel:

Petra und Rainer können sich nicht einigen, wer von beiden nächste Woche die Spätschicht auf der Station übernimmt. Petra möchte gerne die Woche mit ihrem Besuch verbringen (Strategie). Rainer sieht das nicht ein, weil er erst letzte Woche ausgeholfen hat (Strategie). Als schnelle Lösung entscheiden sie, den Dienst hälftig aufzuteilen. Beide bleiben etwas unzufrieden. Als sie nochmals darüber sprechen, stellt sich heraus, dass Rainer prinzipiell bereit gewesen wäre, die Stellung zu halten. Doch nachdem er in letzter Zeit schon mehrmals für Petra eingesprungen war, ist er frustriert. Ihm geht es darum, dass Geben und Nehmen ausgewogen sind und dass sein Einsatz auch gesehen wird (Bedürfnisse). Petra ist verblüfft, denn jetzt erst fällt ihr auf, dass sie sich bisher nicht bedankt hatte. Als Rainer von ihr erfährt, wie sehr sie sein Einspringen schon oft entlastet hat, übernimmt er gerne den Dienst.

Die Kunst im Gespräch ist, den Fokus von den Strategien auf die Bedürfnisse zu lenken. Damit tun sich neue Handlungsspielräume auf und die Wahrscheinlichkeit, dass Sie eine Win-win-Lösung finden, steigt.

Die Bedürfnisse spielen auch bei der Selbstempathie eine wichtige Rolle. Da alle Menschen die gleichen Bedürfnisse teilen, verbinden sie uns mit dem Menschsein. Gelingt es Ihnen zu entdecken, was Sie wirklich brauchen, können Sie Ihre eigenen Gefühle und Handlungen besser verstehen. Dies ist eine wichtige Basis, um neue Handlungs- und Entwicklungsschritte einzuleiten. Im Abschnitt „Aus dem Vollen schöpfen" im Kapitel „Was uns menschlich macht" und auch in späteren Kapiteln werden Sie erfahren, wie Sie Bedürfnisse als innere Kraftquelle nützen können.

4. Bitte

Mit den ersten drei Schritten schaffen Sie Klarheit, worum es Ihnen geht. Sind die Tatsachen von den Bewertungen getrennt, die Gefühle und Bedürfnisse auf den Punkt gebracht, dann haben Sie eine standfeste Grundlage, um für sich einzustehen. Dennoch passiert es oft, dass wir nicht bekommen, was wir gerne hätten. Denn wir sprechen dies meist nicht klar genug aus. Mit dem vierten Schritt der positiven Handlungssprache nutzen Sie die Gelegenheit, Ihr Gegenüber um das zu bitten, was Ihre Bedürfnisse erfüllt. Wir nennen diese Bitte auch Strategie, Handlungsschritt oder -vorschlag, wofür das Symbol des Pfeils steht.

Beispiel:

Unterscheiden Sie fromme Wünsche von realisierbaren Bitten. Die Ansage „Ich möchte, dass das nicht noch einmal vorkommt" lässt vieles offen. Wenn Sie sich so klar wie möglich äußern, dann steigen die Chancen, dass Sie bekommen, was Sie gerne hätten: „Können Sie mir zusagen, mir künftig eine Notiz zu geben, wenn

Probleme auftauchen?". Ihr Gegenüber erhält gleichzeitig eine Einschätzung darüber, inwieweit das Gewünschte für ihn oder sie machbar ist.

Mit dem konkreten Handlungsvorschlag schaffen Sie Orientierung. Ihr Gegenüber weiß damit klar und deutlich, was er tun kann, um zu Ihrem Wohlergehen beizutragen. Mit einer klaren Bitte bewegen Sie andere zum Handeln.

Die Kraft der Empathie

Das Beispiel der Projektleiterin zeigt: Die Fähigkeit, sich wohlwollend in die Schuhe des anderen zu versetzen und dies auszudrücken, hat eine sehr deeskalierende Wirkung. Das liegt daran, dass wir Menschen in unseren guten Absichten gesehen und gehört werden wollen. Geschieht das, schüttet unser Gehirn Hormone wie z. B. Oxytocin aus, was sich entspannend auswirkt. Unser Überleben wird eben nicht nur durch Flucht und Angriff sichergestellt, sondern auch durch die Fähigkeit, fürsorgliche Beziehungen einzugehen. Damit werden gleichzeitig auch die Bedürfnisse nach Wertschätzung, Zugehörigkeit, Miteinander und Geborgenheit erfüllt. Kommen wir durch Empathie mit unseren Bedürfnissen in Kontakt, verspüren wir eine innere Kraft, die uns Mut und Energie gibt, den Alltag gut zu meistern.

Mit Hilfe der vier Schritte können wir uns auch selbst einfühlsam zuhören und damit von innen heraus Kraft schöpfen. Deshalb haben wir das Bild des Empathie-Akkus entwickelt. Wie Sie diesen aufladen, lesen Sie im nächsten Kapitel.

Die Gewaltfreie Kommunikation gibt nicht nur eine praktische Handlungsanleitung bei Meinungsverschiedenheiten und in Konflikten. Sie lernen damit auch, wie Sie in herausfordernden Lebenslagen in sich selbst Potenziale finden können, um neue konstruktive Wege zu gehen.

Auf einen Blick: Was braucht Ihr Akku?

- Selbstempathie ist die Fähigkeit, verständnisvoll und einfühlsam mit sich selbst umzugehen. Sie ist damit ein wirksames Ladegerät, mit dem Sie Energie tanken und damit Ihren Empathie-Akku wieder aufladen.
- Wertende Gedanken verstärken Grübeleien und damit verbunden Gefühle wie Ärger, Schuld und Scham.
- Lernen Sie anzunehmen, was ist. Das trägt dazu bei, das Grübelkarussell zu stoppen.
- Das Modell der Gewaltfreien Kommunikation nach Dr. Marshall B. Rosenberg hilft, mit sich und anderen in Kontakt zu kommen.
- Beziehen Sie sich in Gesprächen auf Zahlen, Daten und Fakten. Damit schaffen Sie eine klare Ausgangslage im Dialog.
- Werden Sie sich Ihrer Gefühle und Bedürfnisse bewusst und machen Sie diese auch transparent. Damit zeigen Sie sich als Mensch und bauen eine Brücke zum Gegenüber.
- Sagen Sie klar, welche Handlung zur Erfüllung Ihrer Bedürfnisse beiträgt. Damit geben Sie sich und anderen die Chance, Ihr Leben angenehmer zu machen.

Akku laden – die Macht der Selbstempathie

Nachdem Sie im vorherigen Kapitel den Empathie-Akku kennengelernt haben, zeigen wir Ihnen nun Wege, wie Sie mit Selbstempathie den Zugang zu Ihren eigenen Bedürfnissen finden und Ihren Empathie-Akku wieder aufladen können. Dadurch können Sie wieder das Steuer in die Hand nehmen. Entscheiden Sie selbst mit klarem Kopf, welchen Kurs Sie jetzt einschlagen wollen.

In diesem Kapitel lesen Sie, wie Sie

- Zugang zu Ihrem inneren Akku finden,
- vom Ärger wieder zum Handeln kommen,
- von Herzen Nein sagen können,
- aus Misserfolgen Lernchancen machen und
- clever entscheiden können.

Das Ladegerät anschließen

Unser Supervisor, der präfrontale Kortex, verliert im emotionalen Stress manchmal die Oberhand. In diesen Situationen regiert der Autopilot – der Hirnstamm zusammen mit dem limbischen System – mit seinem Überlebensmodus. Da bleibt uns oft nichts anderes übrig, als verbal zu kontern, die Flucht zu ergreifen oder in der Sprachlosigkeit zu erstarren. Man kommt ganz leicht ins Trudeln und eine sanfte Landung in der Situation rückt in die Ferne. Jeder Versuch, jetzt noch sachlich zu handeln, ist zum Scheitern verurteilt. Denn zum klaren Denken brauchen wir unseren Verstand, der jetzt nur eingeschränkt zur Verfügung steht.

Was jetzt hilft, ist Durchatmen. Ziehen Sie die Reißleine Ihres Fallschirms. Nehmen Sie wahr, wie Sie durch tiefe Atemzüge weg vom Kopf und langsam wieder in den Kontakt zu Ihrem Körper kommen. Jetzt öffnet sich der Fallschirm, entschleunigt Ihr Tempo und sorgt für eine weiche Landung.

Lassen Sie sich auffangen und vertrauen Sie darauf, dass neben Ihrem Verstand noch etwas existiert, das für Sie arbeitet: Ihre Körperweisheit. Nur wenn Kopf, Herz und Bauch miteinander verbunden sind, können Sie aus Ihrem vollen Potenzial schöpfen.

Auf die Atmung kommt es an

Sicher kennen Sie die Einsicht, dass es Wunder wirken soll, drei Mal tief durchzuatmen, oder es dabei hilft, einer emotional geladenen Situation zu begegnen, wenn man innerlich von 1 bis 10 zählt. Diese Tipps sind in der Tat sehr kraftvoll. Doch der Atem alleine macht den Unterschied oft noch nicht aus. Da kann es schon einmal vorkommen, dass diese Vorgehensweisen lediglich eine ärgerliche Explosion verzögern. Es ist die Absicht, die mit dem Atem verbunden ist, die den Unterschied ausmacht. Was genau möchten Sie mit Ihrem Atem erreichen? Was soll er bewirken? Möchten Sie innerlich wieder ruhiger werden? Ihre innere Alarmglocke beschwichtigen und Ihrem Supervisor wieder das Zepter übergeben?

Hier ein paar Tipps, wie Sie Ihren Fallschirm rechtzeitig aktivieren und auch in schwierigen Situationen wieder sicheren Boden unter den Füßen bekommen können. Gleichzeitig laden Sie damit auch Ihren Akku auf.

Entschleunigung durch SAAT

Dieses Prinzip soll Ihnen in hektischen Momenten helfen, den ersten Stress zu überwinden und Zeit zu gewinnen.

Leitfaden: SAAT		
1	Situation erkennen	S
2	Atmen mit dem Fokus nach innen gerichtet	A
3	Annehmen, was ist	A
4	Time-out: wenn nötig, eine Auszeit nehmen	T

1. Situation erkennen (S)

Wie bereits erwähnt, geraten wir schnell ins bloße Reagieren, wenn der Autopilot erst einmal übernimmt. Erkennen Sie, wann es Zeit ist, die Reißleine zu ziehen. Warten Sie damit nicht bis kurz vor dem Aufprall. Ihr Körper kann Ihnen durch einen erhöhten Puls, eine flache Atmung, Hitze oder Schweißausbrüche schon frühzeitig anzeigen, dass etwas nicht in Ordnung ist.

2. Atmen mit dem Fokus nach innen (A)

Die Atmung soll Sie dabei unterstützen, wieder ganz zu sich zu kommen. Richten Sie dabei Ihre Aufmerksamkeit von außen nach innen oder vom Kopf in den Körper. Verfolgen Sie dabei die Absicht, wieder ganz zu sich selbst zu kommen und Kontakt zu sich aufzunehmen. Manchmal hilft es, den Atem bewusst zu entschleunigen, durch die Nase ein und durch den Mund auszuatmen. Je besser es Ihnen gelingt, dabei in Ihr Herz und den Bauch zu atmen, desto größer ist die Chance, dass Sie innerlich wieder ruhig werden.

3. Annehmen, was ist (A)

Wehren Sie sich nicht gegen das, was gerade in Ihnen rumort. Sie haben genug mit der Situation zu tun. Sich gegen das eigene Befinden aufzulehnen, ist verschwendete Energie. Gestehen Sie sich stattdessen ein, dass Sie in diesem Moment vielleicht „ein Grummeln im Bauch" haben oder dass es im Hals ganz eng ist. Das anzunehmen, was ist, ist eine Art der Zuwendung und bringt Entspannung.

4. Braucht es ein Time-out? (T)

Wenn Sie merken, dass Sie innerlich noch auf Hundert sind, dann gönnen Sie sich und Ihrem Gegenüber ein Time-out. Die Auszeit hilft, einen Raum für Selbstempathie zu schaffen und wieder zurück in die Mitte zu kommen. Das fördert einen guten Nährboden für konstruktive nächste Handlungsschritte.

Beispiel:

Robert hat zusammen mit seiner Kollegin Sandra die Co-Leitung auf der Pflegestation in einem Altersheim. Da sich bei den Mitarbeitenden in den letzten Jahren einige Zeitguthaben angesammelt haben, beschließen sie gemeinsam, dass alle Mitarbeitenden dieses Jahr ihren gesamten Jahresurlaub nehmen müssen. Im Gespräch mit einer Mitarbeiterin, die sich nicht daran halten möchte, erfährt er, dass Sandra einer anderen Mitarbeiterin ohne Absprache eine Ausnahmeregelung gewährt hat. Robert spürt, wie Wut in ihm aufsteigt und er sich innerlich sagt: „Was fällt Sandra eigentlich ein?!?" Er erkennt die Situation und merkt, dass sein innerer Supervisor gerade dabei ist, vor lauter Alarm die Oberhand zu verlieren. Er atmet tief durch die Nase ein und durch den Mund wieder aus. Dies mit der Absicht, wieder mit sich in Kontakt zu kommen. Anstatt sich gegen die Gefühle zu wehren, nimmt er sie an. Denn die Gefühle sind da. Und sie sind stark. Schnell merkt er, dass das Weiterführen des Gesprächs im Moment nichts bringt und vertagt es auf morgen.

Haben Sie sich erst einmal für SAAT entschieden, dann machen Sie sich bewusst: Sie haben soeben zur Entschleunigung einer anspruchsvollen Lebenssituation beigetragen. Das alleine gilt es zu würdigen. Jetzt bekommt Ihre Amygdala Zeit, zur Ruhe zu kommen, und der innere Supervisor kann sich wieder einen Überblick verschaffen. Damit säen Sie einen Samen für zielführende nächste Handlungsschritte.

KLEE – selbstempathische Fähigkeiten erweitern

Als Ergänzung zu SAAT haben wir den Code KLEE entwickelt. Erweitern Sie damit Ihre selbstempathischen Fähigkeiten und laden Sie Ihren Akku auf.

Leitfaden: KLEE		
1	Körper-Echo aktivieren	K
2	Liebevoll sich selbst begegnen	L
3	Emotionen benennen	E
4	Eintauchen in die Fülle der Bedürfnisse	E

Auf das Echo des Körpers hören (K = Körper-Echo)

Verschaffen Sie Ihrem Kopf für einen Moment eine Pause. Die Art, dem eigenen Körper auf annehmende Weise zuzuhören, ist erlernbar. Unter dem Namen Focusing wurde sie von dem Psychologen Eugene Gendlin in den 1960er Jahren entwickelt. Jetzt dürfen Sie sich die Weisheit Ihres Körpers zunutze machen. Denn wenn Sie in ihn hineinfühlen und -hören, sagt Ihnen Ihr Körper-Echo, wie es Ihnen wirklich geht und was Sie brauchen:

- Richten Sie Ihre Aufmerksamkeit von außen nach innen. Laden Sie alle Ihre Körperreaktionen als willkommen ein.

- Atmen Sie bewusst tief ein und aus. Folgen Sie dabei Ihrem Atem in die unterschiedlichen Körperregionen, beginnend am Kopf, und gehen Sie Schritt für Schritt bis hinunter zu den Füßen: Was braucht gerade Ihre Aufmerksamkeit?
- Was immer sich zeigt, nehmen Sie es wahr, ohne zu bewerten oder zu verurteilen. Wenden Sie sich dieser Körperempfindung neugierig und interessiert zu.
- Dann richten Sie Ihre Aufmerksamkeit auf den Teil Ihres Körpers, der sich am stärksten bemerkbar macht und widmen Sie ihm für einen Moment Ihre fürsorgliche Achtsamkeit.
- Fragen Sie diesen Körperteil, wie er sich von seinem Standpunkt aus fühlt. Ist da etwas Trauriges, Bedrücktes oder sonst eine Emotion? Geben Sie dem Raum, was sich jetzt zeigen will, und nehmen Sie an, was ist.

Beispiel:

In der Mittagspause setzt sich Robert auf eine Parkbank und wendet die Körper-Echo-Technik an. Er stellt sich vor, er würde von oben nach unten von einem Computertomographen gescannt, und folgt dabei seinem Atem. Er stellt fest, dass ihm etwas im Magen liegt. Es fühlt sich wie ein faustgroßer Stein an. Am liebsten würde er ihn verschwinden lassen. Da schaltet sich sein Kopfkino postwendend ein und er schiebt Sandra die Schuld für dieses unangenehme Gefühl in die Schuhe: „Hätte sie sich an die Regel gehalten, hätte ich jetzt diesen Ärger nicht!" Das verstärkt das unangenehme Gefühl im Magen. Er besinnt sich darauf, seine Aufmerksamkeit wieder zurück in die Bauchregion zu lenken und dem Stein für einen Moment seine Aufmerksamkeit zu schenken. Er gesteht ihm zu, einfach da zu sein. Dabei atmet er bewusst ein und aus und behält die Brille der Neugierde an. „Wie fühlt sich dieser Teil jetzt?" „Schwer und besorgt", kommt als innere Antwort. Diese Erkenntnis entspannt ihn ein wenig.

Fällt es Ihnen schwer, Ihre Gefühle zu orten und wahrzunehmen? Dann erinnern Sie sich vielleicht an Redewendungen, die Sie gelegentlich verwenden. Sie sind wertvolle Wegweiser zur eigenen Befindlichkeit:

Redewendung	Befindlichkeit
Das ist zum Haare raufen.	Ärgerlich, aufgeregt, ungeduldig, wütend
Ich habe ein Brett vor dem Kopf.	Irritiert, blockiert, leer, verwirrt
Mir sitzt etwas im Nacken.	Ängstlich, besorgt, eng, gestresst, unter Druck, unruhig
Ich mache es zähneknirschend.	Eng, unwohl, widerwillig
Mir stockt der Atem.	Alarmiert, aufgeregt, eng, perplex, schockiert, angeregt, begeistert, fasziniert
Ich bringe es nicht übers Herz.	Besorgt, schmerzlich berührt, traurig
Das liegt mir im Magen.	Bedauern, gestresst, schwer, traurig, unwohl
Ich stehe mit dem Rücken zur Wand.	Eng, gestresst, hilflos, ratlos, unter Druck
Es geht mir an die Nieren.	Betroffen, betrübt, schmerzlich berührt, traurig
Das brennt mir auf den Nägeln.	Unruhig, nervös, erwartungsvoll, voller Tatendrang

Redewendung	Befindlichkeit
Ich bekomme weiche Knie.	Angst, mulmig, unsicher
Ich habe kalte Füße.	Alarmiert, besorgt, unruhig
Das ist zum Aus-der-Haut-Fahren.	Fassungslos, geladen, gestresst, ungeduldig, unruhig, wütend

Nicht alle Menschen haben einen gleich guten Zugang zu ihren Gefühlen. Das kann damit zusammenhängen, dass sie als Kind gelernt haben, dass es gefährlich ist, Gefühle zu haben. Wenn Kinder lernen, dass ihr Befinden nicht okay ist, dann finden sie intuitiv einen Weg, ihre Gefühle zu umgehen. Das kann so weit gehen, dass sie sie nicht mehr wahrnehmen. Wie genau Gehirn und Körper dabei zusammenspielen, ist heute immer noch unklar. Das Traurige daran ist, dass damit nicht nur die schmerzlichen Gefühle weniger wahrgenommen werden, sondern auch die angenehmen. Damit geht in jedem Fall Lebensqualität verloren und wir verlernen zu erkennen, was wir brauchen und was uns gut tut. Mit etwas Geduld kann die Verbindung zu den Gefühlen trainiert werden.

Übung: Körperwahrnehmung

Setzen Sie sich bequem hin und lenken Sie Ihre Aufmerksamkeit z. B. auf einen Ihrer Füße. Entdecken Sie neugierig: Wo spüren Sie die Berührung mit dem Boden? Wie fühlt sich der Fuß an: warm oder kalt, angespannt oder entspannt, ruhig oder kribbelig? Oder nehmen Sie eine Kaffeetasse in die Hand und richten Sie Ihre Aufmerksamkeit auf die Finger und die Hand. Wo berühren die Finger die Tasse? Wo ist es warm, wo kalt? Welche Finger sind am meisten beim Halten involviert? Machen Sie diese oder ähnliche Wahrnehmungsübungen mehrmals am Tag spielerisch in verschiedenen Lebenssituationen (z. B. beim Zähneputzen). Es braucht nicht mehr als 20 Sekunden auf einmal. Wenn Sie das über ein paar Monate hinweg tun, dann werden Sie merken, dass die Verbindung immer leichter fällt und sich Ihnen auch der Zugang zu Ihrer Gefühlswelt besser erschließt.

Sich selbst liebevoll begegnen (L)

Selbstempathie ist dann besonders wirkungsvoll, wenn es Ihnen gelingt, sich selbst mit liebender Achtsamkeit zu begegnen. In der Welt der buddhistischen Lehre wird auch von der Liebenden Güte gesprochen. Buddha, der um das Jahr 563 v. Chr. geboren wurde, verschrieb sein Leben der Aufgabe, emotionales Leid bei Menschen zu lindern. Auf der Suche nach einer Antwort auf die Frage, was das Leben glücklich macht, kam er zu einer wichtigen Erkenntnis: Eine liebevolle Verbindung zu sich selbst ist einer der Schlüssel zum Glück.

Wir haben die Erfahrung gemacht, dass es hilfreich ist, das achtsame Wahrnehmen (z. B. Körper-Echo) mit einem liebevollen Blick auf uns selbst zu verbinden. Wenn es uns gelingt, uns selbst als Wesen zu sehen, das nichts anderes will, als ein glückliches Leben zu führen, dann fällt es viel leichter, uns auch im Schmerz anzunehmen. Denn Schmerz zeigt uns, dass wir im Moment nicht dort sind, wo wir gerne wären. So können wir anerkennen, dass wir im Augenblick traurig, wütend, erschöpft oder verzweifelt sind. Wie können Sie nun einen liebevollen Blick auf sich selbst trainieren?

Übung: Lernen vom Modell

Denken Sie an Menschen, die für Sie Mitgefühl und Fürsorge symbolisieren. Vielleicht ist es jemand aus der Familie oder aus dem Freundeskreis. Es darf aber auch jemand sein, den Sie nicht persönlich kennen, wie der Dalai Lama, Mutter Teresa oder auch Figuren aus der Fantasiewelt. Fragen Sie sich, welche Qualität Sie von den Personen übernehmen könnten, um selbst in einen so fürsorglichen Zustand zu kommen. Welche Körperhaltung nimmt die Person ein, wenn sie einfühlsam zuhört? Wie sehen der Blick, die Augen, die Mimik der Person aus? Welche Tonlage und Lautstärke hat die Stimme? Was berührt Sie besonders an dieser Person? Und während Sie daran denken, achten Sie, was das mit Ihrem Körper macht. Oft hilft es schon, nur an die Personen zu denken, um selbst in eine liebevolle Haltung zu kommen. Unterstützend wirkt es auch, die Haltung, die Mimik oder die Stimmlage zu kopieren und zu spüren, was sich für Sie stimmig anfühlt und was Sie in diesen liebevollen Zustand bringt. Dann schauen Sie aus diesem Zustand auf Ihr Leben und erinnern Sie sich an Ihre Absicht, dass Sie als Mensch, wie alle anderen auch, glücklich und zufrieden sein möchten.

Beispiel:

Robert ist immer noch in Kontakt mit seinem Gefühl der Besorgnis und mit dem Stein, der ihm im Magen liegt. Das Wahrnehmen der Körperempfindung hilft ihm, präsent zu bleiben. Doch irgendwie scheint sich die Empfindung nicht verändern zu wollen. Es ist, als ob noch etwas fehlen würde. Da erinnert sich Robert an den Blick seines Großvaters, zu dem er eine innige Beziehung hatte. Opas warmer, liebevoller Blick hatte ihn immer getröstet, wenn die Welt mal wieder aus den Fugen geraten war. In dem Moment wird sich Robert bewusst, dass seine Welt in der Situation mit der Mitarbeiterin eben auch etwas aus den Fugen geraten war. Er kann sich jetzt zugestehen, überrascht und frustriert zu sein. Robert merkt, wie sich innerlich etwas in ihm verändert. Der Stein im Bauch scheint nicht mehr dafür kämpfen zu müssen, wahrgenommen zu werden. Der Druck lässt merklich nach.

Emotionen und Bedürfnis benennen (E)

Das Benennen von Emotionen hat eine entspannende Wirkung auf unser Nervensystem. Es ist so, also würde ein Teil in uns die Sicherheit brauchen, dass er wirklich gehört und ernstgenommen wird. Versucht jemand, unser Befinden zu erahnen, dann merkt dieser Teil, dass sich jemand für ihn interessiert. Wird dann auch noch ein passendes Gefühl benannt, erkennt er, dass seine Botschaft gehört wurde. Das tut gut und entspannt.

Die Achtsamkeit, die wir uns von anderen wünschen, können wir uns auch selbst widmen, indem wir uns auf die Suche nach den eigenen Gefühlen machen und diese benennen. Es braucht dazu die innere fürsorgliche Haltung von: „Ich will mich selbst (mit dem Herzen) verstehen."

Studien an der University of California, Los Angeles (UCLA), haben ergeben, dass die Benennung eines Gefühls die limbische Aktivität der Amygdala eindämmt. Dort spricht man auch von „name it to tame it", was so viel bedeutet wie „benenne es, um es zu zähmen". Wenn Sie merken, dass Sie emotional angespannt sind, dann benennen Sie Ihre Gefühle: „etwas in mir ist wütend", „da ist etwas Trauriges", oder auch direkt: „ich bin frustriert." Falls Sie alleine sind, können Sie das auch laut aussprechen. Das verstärkt die Wirkung. Achten Sie dabei darauf, was das mit Ihnen macht. Wie wirkt sich das auf Ihr Wohlbefinden aus?

In der Gewaltfreien Kommunikation sprechen wir Gefühle immer im Zusammenhang mit Bedürfnissen aus. Wir erfahren, dass es sich auch beruhigend auf uns auswirkt, wenn wir die Ursache unserer Gefühle benennen. Erinnern Sie sich? Unsere Gefühle teilen uns mit, ob unsere Bedürfnisse erfüllt sind oder nicht. Als Alternative zum Benennen der Gefühle können Sie also auch mit dem Aussprechen der Bedürfnisse experimentieren: „Ich brauche Verlässlichkeit" oder „Ich möchte dazugehören." Gerade dann, wenn es schwerfällt, das Befinden zu nennen, ist diese zweite Variante sehr hilfreich.

Beispiel:

Robert benennt seine Gefühle, indem er leise vor sich hin sagt: „Da ist Frustration." Das zeigt Wirkung, und es fällt ihm plötzlich viel leichter, wieder klar zu denken. Er erinnert sich an die vier Schritte der GFK und lässt die Situation Revue passieren: Was genau ist geschehen? „Sandra und ich haben gemeinsam vereinbart, dass alle Kollegen ihren gesamten Urlaub in diesem Jahr nehmen müssen. Nun höre ich von einer Mitarbeiterin, dass Sandra bei einer anderen Person eine Ausnahme gemacht hat.

Ich habe nichts davon gewusst." Wie geht es mir jetzt und was brauche ich? „Ich bin frustriert, weil ich mich auf Vereinbarungen verlassen möchte und ich miteinbezogen werden möchte, wenn sich etwas ändert."

Eintauchen in die Fülle der Bedürfnisse (E)

Robert erinnert sich daran, wie hilfreich es ist, mit der Fülle der eigenen Bedürfnisse in Kontakt zu kommen. Das ist eine wichtige Grundvoraussetzung für erfolgreiche Gespräche. Sein Wissen darum, dass Menschen dazu neigen, eher das Negative statt das Positive zu sehen, bewahrt ihn davor, in die Amygdala-Falle zu treten. Er entscheidet sich dafür, sich auf das zu konzentrieren, was er braucht, statt auf das, was ihm fehlt, und er richtet seinen Fokus auch darauf, wie und wo sich die Bedürfnisse schon erfüllt haben.

Aus der Perspektive der GFK haben die Bedürfnisse deshalb so eine große Bedeutung, weil sie von allen gleichermaßen geteilt werden. Dadurch verbinden sie uns im Menschsein. Sie sind wie kostbare Diamanten: rein, natürlich und klar. Mit dem Eintauchen in die Fülle der Bedürfnisse bringen Sie das Juwel ans Tageslicht.

Beispiel:

Robert nimmt sich etwas Zeit, beim Bedürfnis zu verharren. Es scheint so, als bräuchte es Zeit, damit sein Inneres die Bedeutung dieses Bedürfnisses erfassen kann. Ja, er möchte sich auf Vereinbarungen wirklich verlassen können. Dann merkt er, dass noch andere Bedürfnisse hochkommen: Es geht ihm um ein Miteinander. Robert merkt, wie er noch mehr entspannt. Er denkt daran, wie wichtig es ihm ist, dass sich seine Kollegin und er gegenseitig in ihrer Rolle stärken, und wie gut das oftmals auch gelingt.

Davon möchte er gerne mehr haben. In Verbundenheit mit dem Bedürfnis ist ihm klar, was er machen möchte. Er steht auf und geht wieder zurück auf die Station. Er möchte Sandra bitten, das Ganze mit ihm zu besprechen.

Gönnen Sie sich eine Auszeit, um Ihr Bedürfnis mit angenehmen Erinnerungen aufzuladen. Hier tanken Sie Kraft und steigern die Chancen auf erfolgreiche Gespräche.

Vielleicht fragen Sie sich, wie das im Eifer des Gefechts gelingen kann? In der Tat ist genau das manchmal eine Herausforderung. Unser Gehirn mit seinen Stressprogrammen lässt sich nicht von heute auf morgen umprogrammieren. Unsere „emotionale Schaltzentrale" (limbisches System) braucht neue neuronale Erfahrungen im Speicher. Dies geschieht nur, wenn Sie Ihre Emotionen auch körperlich wahrnehmen können. Die in diesem Kapitel aufgeführten Schritte von SAAT und KLEE dienen dazu, Kopf, Herz und Bauch in Verbindung zu bringen. Die Wirkung der Schritte hängt davon ab, wie bewusst Sie sich dafür in Ihrem Alltag Zeit nehmen und wie regelmäßig Sie diese anwenden. Je mehr Sie die Erfahrung erleben, mit Ihrem Körper verbunden zu sein, desto wahrscheinlicher wird es, dass Sie im Ernstfall darauf zugreifen können.

Wenden Sie SAAT und KLEE nicht erst in schwierigen Situationen und als „Gesamtpaket" an. Probieren Sie diese Schritte oder einzelne davon unbedingt in guten Zeiten aus. Ihr Gehirn wird dadurch mit dieser Vorgehensweise vertraut und Ihr limbisches System lernt, sich mehr auf das zu fokussieren, was das Leben angenehm macht. Damit wird die Amygdala desensibilisiert und Ihre Resilienz erhöht. Und nicht zuletzt: Sie laden Ihren Empathie-Akku auf, damit Sie auch in schwierigen Momenten genügend Energie und innere Ruhe für wertschätzende Gespräche haben.

> Verbinden Sie durch Ihren Atem Kopf, Herz und Bauch. Damit öffnet sich das Tor zu Ihrer inneren Weisheit, die die Kapazität Ihres bewussten Verstandes bei weitem übertrifft. Regelmäßiges Üben wird sich darin auszahlen, dass Sie im Ernstfall Ihren Fallschirm rechtzeitig aktivieren und mit beiden Füßen auf dem Boden landen.

Runter von der Ärgerpalme

Wenn wir in unseren Business-Seminaren die Frage stellen, was eine gute Kommunikation im Berufsalltag ausmacht, hören wir oft die Antwort, dass sie sachlich sein soll. Nur, was heißt sachlich? Sind wir sachlich, wenn wir dem Mitarbeitenden sagen, er habe eine Sitzung unprofessionell geleitet? Oder dass er schon wieder eine Arbeit zu spät abgeliefert hat? Schnell wird bewusst, dass solche „sachlichen" Aussagen nicht frei von Vorwürfen sind und damit das eigentliche Anliegen schwer hörbar machen.

Beispiel:

Daniel kommt das dritte Mal in Folge zu spät zur Teamsitzung. Teamleiterin Doris ärgert sich darüber. Ihre Erwartungshaltung, wonach Daniel pünktlich zu erscheinen hat, wird nicht erfüllt. Sie bewertet dies als „rücksichtslos" und interpretiert, dass es ihm egal ist, wenn andere auf ihn warten müssen. Diese Erwartungen, Bewertungen und Interpretationen bringen Doris emotional auf die Palme. Am liebsten würde sie ihm sagen, dass er ständig zu spät kommt und dass das sehr rücksichtslos ist. Die Gefahr, dass

Daniel sich bei so einer Aussage hinter Rechtfertigungen verschanzt, ist sehr groß. Doch wie kann Doris anders reagieren, ohne den Ärger in sich hineinzufressen?

Durch Daniels Verhalten kommen Doris` Anliegen (Rücksichtnahme und Zeit sinnvoll nutzen) zu kurz. Werden diese Bedürfnisse nicht erfüllt, löst das bei ihr Frustration oder innere Unruhe aus. Diese natürliche Reaktion mobilisiert Handlungsenergie. Doris ist sich dessen aber in ihrer Erregung nicht bewusst und schon schaltet sich ihr innerer Supervisor (der präfrontale Kortex) ein, der ihr mit seinen Erwartungen, Interpretationen und Bewertungen dazwischenfunkt. So wird die Angelegenheit zu einer explosiven Mischung, die Doris auf die (Ärger-)Palme treibt. In einem solchen Zustand wird es schwierig, konstruktive Gespräche zu führen. Ziehen Sie die Reißleine Ihres Fallschirms, atmen Sie dreimal tief durch und bringen Sie sich mit folgenden Fragen wieder auf den Boden der Tatsachen:

- Ist das, was ich denke, wirklich wahr?
- Gibt es fixe Erwartungen, Pauschalisierungen, Bewertungen oder Interpretationen, die sich in meine Gedanken eingeschlichen haben?
- Was genau ist wirklich geschehen? Was sind die Zahlen, Daten, Fakten?

Werden Sie sich bewusst, dass gerade Erwartungen Sie besonders auf die Palme bringen. Fixe Vorstellungen, wie Menschen sich verhalten sollten, machen unflexibel und rigide. Menschen sind frei und sorgen auf ihre Art und Weise für ihre Bedürfnisse. Nur weil Sie glauben, dass die anderen ebenso gleich denken müssten wie Sie, ist das leider noch lange nicht der Fall. Nehmen Sie Verhalten, das von Ihrer Wunschvorstellung abweicht, lieber als Fakt hin und fragen Sie sich, wie Sie das Gegenüber für Ihre Vorhaben gewinnen können.

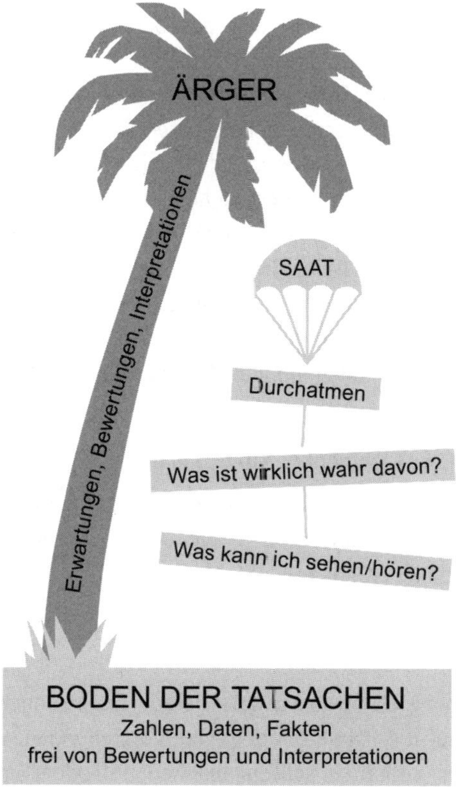

Ärger entsteht durch das, was wir denken

Beispiel:

Als Doris merkt, dass sie gedanklich ganz oben auf der Ärger-Palme sitzt, nimmt sie ein paar tiefe Atemzüge und nutzt ihren Fallschirm. Mit folgenden Fragen und Antworten bringt sie sich wieder zurück auf den Boden der Tatsachen: Was von dem, was ich über die Situation denke, sind fixe Erwartungen, Pauschalisierungen, Bewertungen oder Interpretationen? Ist das, was ich über Daniel denke, wirklich wahr? Die Antwort ist „Nein". Sie denkt, dass Daniel pünktlich sein muss (= Erwartung). Die Realität zeigt aber, dass er ein freier Mensch ist und offensichtlich andere Pläne hatte, die sie nicht kennt. Er kommt auch nicht immer zu spät (= Pauschalisierung), sondern es waren die letzten drei Sitzungen. Sie kann nicht wissen, ob sein Verhalten rücksichtslos (= Bewertung) ist und ob es Daniel z.B. egal ist, wenn er zu spät kommt (= Interpretation). Hierzu fehlen ihr schlichtweg die notwendigen Informationen. Doris merkt, wie sie langsam, aber sicher abkühlt und wieder auf den Boden der Tatsachen kommt. Sie fragt sich: Was sind die klaren Zahlen, Daten, Fakten? Was kann ich sehen oder hören? „Daniel kommt das dritte Mal in Folge fünf Minuten nach Sitzungsbeginn ins Meeting. Dieses Verhalten kenne ich nicht von ihm."

Als Nächstes fragen Sie sich:

- Wonach sehne ich mich in diesem Moment? Was ist mir wirklich wichtig? Um welche Bedürfnisse geht es mir?
- Und wie ist mein Befinden im Zusammenhang mit dem Bedürfnis, das am meisten anklingt?

Beispiel:

Doris' Stimmung hat sich nach dieser Reflexion geändert. Wenn sie jetzt an die Situation denkt, ist sie zwar irritiert und etwas unruhig, aber nicht mehr ärgerlich. Ihr geht es um Klarheit. Sie möchte verstehen, weshalb Daniel später zur Sitzung kommt. Gleichzeitig ist ihr bewusst, dass sie die Zeit aller sinnvoll nützen möchte und sich auch Rücksichtnahme wünscht.

Wenn Sie geklärt haben, um welches Bedürfnis es Ihnen wirklich geht, dann überlegen Sie sich Handlungen, die dem Rechnung tragen. Priorisieren Sie Ihre Bedürfnisse und steigen Sie mit dem wichtigsten ins Gespräch ein. Das macht es für Ihr Gegenüber einfacher, Ihre Botschaft zu hören.

Beispiel:

Doris spricht Daniel nach der Sitzung darauf an: „Du bist in den letzten drei Sitzungen fünf Minuten nach Sitzungsbeginn erschienen. Das kenne ich nicht von dir. Ich bin irritiert und brauche Klarheit. Gibt es einen Grund dafür?" Er reagiert mit Offenheit und erzählt, dass er mit einem anderen Projekt größere Probleme hätte, die bis Ende Woche jedoch gelöst seien. Dann könne er sich wieder voll auf das Projekt von Doris konzentrieren und auch wie gewohnt rechtzeitig zu Sitzungsbeginn anwesend sein. Doris ist erleichtert. Ihre Bedürfnisse nach „Rücksichtnahme" und „Zeit sinnvoll nutzen" rücken mit den neuen Informationen wieder ins Gleichgewicht.

Fazit: Nutzen Sie Ihren SAAT-Fallschirm, bevor Sie Ihrem Ärger Ausdruck verleihen. Werden Sie sich bewusst, was Gedanken und Interpretationen sind. Eine wertfreie Beobachtung ermöglicht einen sachlichen Einstieg in ein verbindendes Gespräch.

Wenn Sie Schuld- und Schamgefühle quälen

Häufig hören wir in der Coachingpraxis von Situationen, die Menschen schlagartig aus dem Gleichgewicht bringen. Die Auslöser sind manchmal scheinbar nur Kleinigkeiten. Doch oft zeigen sie ungünstige Verhaltensmuster auf, die sich schon seit längerer Zeit wiederholen.

Beispiel:

Birgit schildert, wie ihr Bereichsleiter in einer Teamsitzung ihre Projektleitung mit den Worten kommentiert: „Ich möchte nicht nochmal erleben, dass der Termin um Wochen überzogen wird. Das war keine Glanzleistung." Im ersten Moment ist sie sprachlos, danach werden bereits die nächsten Tagesthemen diskutiert. Nach der Sitzung wird sie von ihren inneren Stimmen geplagt: „Das ist ja peinlich. Du kassierst vor allen anderen einen Vorwurf und kriegst den Mund nicht auf. So etwas kannst du dir doch nicht bieten lassen. Wie sollen die anderen über deine Kompetenz denken? Wie unprofessionell!" Neben einer Ladung Ärger wird sich Birgit ihrer Scham bewusst, die hinter den Gedanken steht. Enger Atem und Magendrücken zeigen ihr, dass sie im Augenblick von ihrer Umwelt wie abgeschnitten ist und in einem Strudel von Gedanken gefangen scheint.

Denkmuster aufdecken

Ähnlich wie beim Ärger entstehen auch Schuld- und Schamgefühle durch bestimmte Denkmuster, die uns davon abhalten, wohlwollend mit uns in Kontakt zu kommen und herauszufinden, was wir wirklich brauchen. Ärger, Schuld und Scham werden deshalb auch Sekundärgefühle genannt, weil sie wie eine zweite Schicht über dem liegen, was uns wirklich bewegt. Wie im Kapitel „Grübelkarussell" beschrieben, richten sich die Urteile bei Ärger eher nach außen. Das trifft auch zu, wenn wir anderen die Schuld in die Schuhe schieben wollen. Bei Scham und Schuld, die wir uns selbst zuweisen, richten sich die Urteile nach innen. Daher gibt es eine Parallele in der Art und Weise, wie diese Prozesse verarbeitet werden.

Sekundärgefühle werden also durch bestimmte Denkmuster ausgelöst, die uns davon abhalten, uns so zu zeigen, wie wir sind. Die innere Aussage „Das ist ja peinlich“ signalisiert, dass wir nicht mehr das Menschliche in uns sehen, sondern in Selbsturteilen stecken bleiben. Diese Art zu denken wirkt als unangenehme Bremse, auch wenn wir dies kaum bewusst wahrnehmen. Es gilt, unsere wahren Bedürfnisse dahinter zu erkennen, und die damit verbundenen Primärgefühle, die sich unter Ärger, Schuld und Scham verbergen. Erst dadurch haben wir eine Chance, mit unserem eigentlichen Wesenskern in Verbindung zu kommen. Das führt in den natürlichen Lebensfluss und ins produktive Handeln zurück.

In unserer Gesellschaft neigen wir dazu, die eigenen beurteilenden Gedanken als Realität anzusehen und damit an eine Illusion zu glauben. Daraus folgt oft unmerklich, dass wir uns von uns selbst oder von anderen abkapseln. Diese Illusion hält uns davon ab, für unsere eigenen Wünsche und Träume einzustehen. Um diese Sackgasse zu verlassen, kann es hilfreich sein, die eigenen Denkmuster hinter Schuld und Scham aufzudecken.

Übung: Schuld und Scham erkennen

1. Machen Sie sich Gedanken darüber, was andere über Sie denken könnten?
2. Folgen Sie innerlichen Überzeugungen wie etwa „Das gehört sich nicht.“, „Man sollte dies oder jenes tun oder nicht tun.“, „Ich sollte mich in einer bestimmten Art verhalten.“ oder auch „Ich habe es nicht verdient, so behandelt zu werden.“?

3 Welcher innere Satz deutet bei Ihnen persönlich auf Scham hin? Zum Beispiel: „Das ist peinlich.", „Wie stehe ich jetzt da?", „Wie lässt er/sie mich aussehen?", „Hier kann ich mich nicht mehr blicken lassen."

Auf Körperreaktionen achten

Den eigenen Schamgefühlen auf die Spur zu kommen ist oft eine Herausforderung. Achten Sie daher auch auf Ihre Körperreaktionen: Verschlägt es Ihnen den Atem, wird es Ihnen eng in der Magengrube, ziehen Sie den Nacken ein, pressen Sie die Lippen zusammen, wird Ihnen heiß oder gefriert Ihnen das Lächeln im Gesicht? Überspielen Sie eine unangenehme Situation durch Humor und können selbst nicht darüber lachen? Bei vielen Menschen schlägt Scham auch in kurzer Zeit in Wut um. Das mag ein weiteres Muster sein, das dazu dient, die unangenehme Scham besser auszuhalten – durch den vielleicht angenehmeren Ärger.

Beobachten Sie Ihre körperlichen Reaktionen, um Ihren Schammustern auf die Schliche zu kommen. Dadurch werden Sie achtsamer dafür, was Ihnen guttut. Sie können leichter einen Notausgang aus brenzligen Situationen finden und für Ihre Anliegen einstehen.

Beobachten statt bewerten

Als Ausgangspunkt aller (inneren und äußeren) Prozesse in der Gewaltfreien Kommunikation werden die reinen Beobachtungen von den Bewertungen getrennt. Stimmt es wirklich, was Birgit erlebt hat, oder sind es Geschichten, die sie sich selbst erzählt? Deshalb fragt sich Birgit als Erstes:

- Was ist tatsächlich geschehen? Auf welches konkrete Verhalten beziehe ich mich?
- Was sind meine Bewertungen, Erwartungen, Interpretationen?

Ihre wertfreie Beobachtung ist: „Ich habe mich bemüht, den Kundentermin so gut wie möglich einzuhalten, und mein Chef sagt in Anwesenheit meines Teams, dass das keine Glanzleistung war." In Birgits inneren Antworten regt sich ein erstes Aufatmen.

> Innere Blockaden weisen oft darauf hin, dass wir im wertenden Denken gefangen sind. Verschaffen Sie sich Luft, indem Sie die Fakten klären. Was ist wirklich passiert – und welcher Film läuft gerade in Ihrem inneren Kopfkino?

Kritik in Mitgefühl wandeln

Birgit hat also ihre Ausgangssituation beleuchtet. Sie hat die Fakten geklärt und von wertenden Gedanken unterschieden. Im weiteren Prozessverlauf geht es darum, das kritische Denken in Mitgefühl zu wandeln. Dazu helfen die Fragen:

- Wie geht es mir jetzt?
- Welche Stelle im Körper braucht gerade besonders meine Aufmerksamkeit? Wie fühlt es sich dort an?
- Zu welchen Bedürfnissen führen diese Gefühle?
- Was wird jetzt innerlich wahrnehmbar, mit Blick darauf, dass diese Bedürfnisse in der Ausgangssituation zu kurz gekommen sind?

- Was sind die Kernbedürfnisse, die im Augenblick die meiste innere Resonanz erzeugen und Raum brauchen?

Beispiel:

Beim Spüren ihrer Körperreaktionen landet Birgit bei einem Knäuel von angespannter Übelkeit, der nach einiger Aufmerksamkeit etwas Trauriges folgt. Gesehen zu werden mit der eigenen Leistung und mit ihren guten Absichten, ein respektvoller Umgang und das Wahren von Grenzen, das sind Bedürfnisse, die gerade zu kurz kommen. Die Anspannung geht in eine Weichheit und Wärme im Brustraum über. Hier lässt es sich gut aushalten und dem Raum geben, wonach sie sich gerade am meisten sehnt: Vertrauen und Wertschätzung.

Selbstcoaching und Coaching

Diesen selbstempathischen Prozess können Sie mit einiger Erfahrung und genügend Zeit alleine durchführen. Vielleicht haben Sie anfangs die Möglichkeit, sich von einem Coach mit umfangreicher GFK-Erfahrung begleiten zu lassen. Unsere Erfahrung zeigt: Besonders in schmerzlichen Situationen hilft sogar die stille Präsenz eines Gegenübers, um besser mit der eigenen Emotionalität in Kontakt zu kommen. Wir laufen weniger Gefahr, unangenehme Gefühle zu unterdrücken oder einen Bogen darum zu machen. Wie bei allen Prozessen, die wir in diesem Buch beschreiben, kann es auch Situationen geben, wie z.B. traumatische Erlebnisse, in denen unsere Prozessanleitungen und Übungen keine Therapie ersetzen.

Was im Gehirn passiert

Wenn wir unserer eigenen Verletzlichkeit nahe kommen, dann bekommt unser limbisches System neue Informationen. Durch den Zugang zu den eigenen Bedürfnissen beruhigen sich die Amygdala und damit auch unser innerer Supervisor (der präfrontale Kortex). Wir werden mit Emotionen geflutet, die wieder unsere Tatkraft stärken. Jetzt heißt es innehalten und durchlässig sein für das, was sich körperlich bewegt. Damit wird gleichzeitig das Ablagefach in der Amygdala geleert und das Erlebnis wird, zusammen mit einem angenehmen Gefühl, im Archiv (Hippocampus) abgelegt. Dadurch entstehen neue Nervenbahnen. Pflegen wir diese Prozesse regelmäßig, dann steigen die Chancen, dass wir beim nächsten Mal früher auf unseren inneren Kompass zugreifen und günstigere Verhaltensweisen wählen können.

Den Fluss öffnen

Birgits Beispiel verdeutlicht, wie sich Gefühlsbewegungen wandeln. Erst die Phase des Betrauerns löst die innere Anspannung. Das öffnet den Fluss zu den eigenen Anliegen. Ist dann das Kernbedürfnis gefunden, braucht es etwas Mußezeit, dabei zu verweilen.

Beispiel:

Birgit erinnert sich, wie oft sich ihr Bedürfnis nach Wertschätzung schon erfüllt hat. Dem gibt sie innerlich Raum und merkt dabei, dass sich fast täglich für sie auf unterschiedliche Art zeigt, dass sie als Mensch zählt und ihre Beiträge bedeutsam sind. Dabei breitet sich ein inneres Vertrauen aus, das sie aufatmen lässt. Im Kontakt mit der ganzen Fülle ihres Bedürfnisses erscheint ein Lächeln auf Birgits Gesicht. Wärme und etwas Kraftvolles sind gerade im Vordergrund. Wenn sie sich nun an die Ausgangssituation erinnert, scheint ihr diese weit entfernt. Fällt ihr jetzt ein Handlungsschritt ein, mit dem sie für ihr Bedürfnis nach Wertschätzung sorgen kann? „Ja, ich spreche meinen Bereichsleiter morgen unter vier Augen auf diese Situation an und sage ihm, was ich gerne anders hätte."

Fülle und Schönheit der Bedürfnisse

Wenn wir unsere KlientInnen im Coaching oder Training fragen, welche Assoziationen der Begriff „Bedürfnis" bei ihnen hervorruft, dann hören wir oft Ideen von Mangel, Bedürftigkeit, Schwäche usw. Uns wundert das nicht, denn wir haben selbst zunächst lange Jahre gelernt, dass es wichtiger ist, auf andere zu schauen, bevor man eigene Ansprüche anmeldet. Bedürfnisse als etwas Wertvolles zu erkennen und sich sogar noch für sie einzusetzen, scheint vielen Menschen fremd. Dieses Verständnis hat sich vielleicht über Jahrzehnte eingeprägt.

Bleiben wir dann in solchen Überzeugungen haften, hat das eine verhängnisvolle Konsequenz: Im Umgang mit anderen oder mit sich selbst arbeitet diese sogenannte „Mangelenergie" unbewusst. Das heißt, dass wir uns selbst im Grunde unseres Herzens nicht immer zugestehen, wirklich etwas Wichtiges zu brauchen. Und dann wiederum geht die Tendenz dahin, sich innerlich zum Opfer zu machen und unbemerkt einen Schritt aus der Ebene der Gleichwertigkeit mit anderen auszusteigen. Dies kann einerseits Muster der Selbstentwertung fördern, wie z. B. „Ich habe es nicht verdient." oder

„So wichtig war es ja eigentlich doch nicht." Auf der anderen Seite kann dieses Bewusstsein dazu führen, etwas kläglich fordernd zu verlangen, wie: „Ich habe es jahrelang nicht gehabt, deshalb musst DU es mir jetzt geben."

Mit der Haltung der Gewaltfreien Kommunikation bekommen Bedürfnisse eine andere Bedeutung. Sie sind Lebensmotor und damit die stärkste Motivationskraft für unser gesamtes Handeln. Ob erfüllt oder unerfüllt, sie umgeben unser Leben unabdingbar. Damit erübrigt es sich, sie überhaupt in Frage zu stellen. Stattdessen können Sie sich der Schönheit und Kostbarkeit vergegenwärtigen, die jedes Bedürfnis in sich trägt.

> Mangeldenken führt zur Opferhaltung und Lähmung bzw. Ohnmacht. Richten Sie Ihre Aufmerksamkeit auf die Fülle der Lebensenergie, die jedes Bedürfnis in sich trägt. Wenn Ihnen das noch schwer fällt: Erinnern Sie sich an die körperliche Intensität in Situationen, als ein bestimmtes Bedürfnis bereits erfüllt war.

Neinsagen – Grenzen setzen, ohne zu verletzen

„Echt statt nett sein" ist ein Thema in unserem Ausbildungsmodul zur GFK. Wir trainieren, aufrichtig die eigene Meinung zu sagen, ohne andere zu verletzen. Geht es allerdings darum, andere im Redefluss klar und ehrlich zu unterbrechen, weil wir nicht mehr die Konzentration haben, weiter zuzuhören, macht sich Verunsicherung breit: „Aber ich kann doch nicht einfach jemandem ins Wort fallen. Das ist doch nicht wertschätzend?" Dass sich solche und ähnliche Reaktionen wiederholen, zeigt nach unserer Erfahrung, mit welchen Konzepten viele Menschen aufgewachsen sind, z. B. Höflichkeit vor Ehrlichkeit zu stellen. Ob es nun darum geht, jemanden zu unterbrechen oder aufrichtig Nein zu sagen, es gibt eine Parallele. Beim Hinterfragen der Bedürfnisse, die sich dabei erfüllen, nett statt echt zu sein, wird jedes Mal deutlich: Die scheinbare Harmonie geht auf Dauer zu Lasten der Beziehung. Fragen Sie sich selbst: Welchen Preis wollen Sie für Harmonie bezahlen? Ihre persönliche Integrität, Gleichwertigkeit, den aufrichtigen Austausch oder auf Dauer auch Ihre Gesundheit?

Die Haltung der GFK, aufrichtig zu sich zu stehen, bedeutet gleichzeitig, die Bedürfnisse der anderen beteiligten Personen zu würdigen. Mit einem klaren Nein können wir gleichzeitig signalisieren, zu welchem Bedürfnis wir Ja sagen.

Beispiel:

Frank ist der wichtigste Schnittstellenfachmann im Projektteam. Seit neun Monaten engagiert er sich dafür, dass alle wichtigen Informationen zusammengeführt werden. Seine Hilfsbereitschaft und Zuverlässigkeit sind rundum gern gesehen. Seine Überstunden häufen sich und seine Familie muss seit Beginn des neuen Projektes zurückstecken. Das macht Frank zu schaffen, und dazu stellen sich langsam deutliche Nervosität und Schlafstörungen ein.

Noch drei Wochen bis zum Projekt-Endtermin. Da steht sein Kollege in der Tür: „Frank, stell dir vor, Mona hatte einen Unfall und fällt jetzt für mindestens vier Wochen aus. Wir können dir deshalb die Analyse nicht liefern. Kannst du sie selbst machen?" Frank steht unter Strom. Er hilft ja gerne, doch wenn er sich die Zusatzaufgaben ansieht, die er in den letzten Wochen schon auf die lange Bank geschoben hat, wird ihm übel. Nicht noch ein Extra! Jetzt muss gehandelt werden.

In diesem Engpass verschafft sich Frank zuerst einmal mit dem SAAT-Anker Luft.

Beispiel:

Mit einem kurzen „Moment, ich komme gleich zu dir" nimmt er sich eine Auszeit und verlässt den Raum. Dieser Zwischenstopp hilft ihm, noch einmal durchzuatmen. Zu oft ist er im Eifer des Gefechts dem ersten Impuls gefolgt, sich mit einem schnellen „Ja" für andere verfügbar zu machen. Die Reue kam dann erst später, als er sich seines Pensums und des zusätzlichen Drucks bewusst wurde.

In Stresssituationen sind wir oft verführt, eine schnelle Lösung zu suchen, wie z.B. „dann übernehme ich das schnell noch" oder auch: „kommt nicht in Frage, mit mir nicht", und ein unbegründetes und ausschließliches „Nein!" Alle Reaktionen haben eher unangenehme Konsequenzen: Beim schnellen Ja leiden möglicherweise die Arbeitsqualität und die Gesundheit, beim schnellen Nein die Beziehung. Sich wirklich Zeit für bewusste Antworten zu geben, bedeutet, die eigenen Grenzen zu achten und auch die des Gegenübers.

Anschließend stellt sich Frank die Fragen:

- Was ist jetzt konkret passiert, das mir fast den Atem verschlägt? Welche Fakten zum Hintergrund gehören dazu?
- Wie geht es mir im Augenblick damit und welche Bedürfnisse wollen gehört werden?
- Wozu kann ich trotz eines klaren Neins zustimmen?

Beispiel:

Frank ist zufrieden, dass er gerade noch die Kurve gekriegt hat. Das Durchatmen hat ihm geholfen, das Thema jetzt mit mehr Ruhe anzugehen. Worum geht es nun konkret? „Klar ist, dass ich nun schon seit neun Monaten für das Projekt arbeite, täglich im Schnitt 10 bis 12 Stunden. Mona hatte mir die Analyse für den Projektabschluss bis nächste Woche zugesagt. Jetzt fällt sie für vier Wochen aus und der Kollege fragt mich, ob ich das selbst übernehme." Allein die Aufzählung dieser Fakten macht Frank nochmals deutlich, was er alles geleistet hat. „Mir wird es ganz schön eng dabei, fast schnürt es mir die Kehle zu." Was die Bedürfnisse dahinter sein könnten? „Naja, zum einen, dass mal gesehen wird, was ich hier alles mache. Und auch, dass ich Verlässlichkeit und Unterstützung brauche, um gute Arbeit abliefern zu können." „Deshalb bitte ich ihn, jemand aus der Nachbarabteilung zu fragen, ob er die Analyse übernimmt. Da ich grundsätzlich gern helfe, werde ich ihm anbieten, dass ich für andere Themen in drei Wochen wieder bereit bin." Ein erneutes Aufatmen zeigt ihm, dass er auf der passenden Spur ist. Damit ist die Vorstellung, die Bitte diesmal abzulehnen, schon deutlich leichter.

Nun der empathische Blick zum Gegenüber: Ist jemand selbst in arger Bedrängnis, dann schränkt das meist die Offenheit für die Nöte anderer ein. So können Sie eine verbindende Brücke schlagen: Wie könnte es der anderen Person gehen? Um welche Bedürfnisse geht es dort?

Beispiel:

Was könnte meinen Kollegen dazu bewogen haben, diese Bitte an mich heranzutragen? „Vermutlich ist ihm selbst ziemlich eng und er ist in Panik. Er will wahrscheinlich wissen, wie es weitergehen kann und wie das alles zu schaffen ist. Vielleicht braucht auch er Unterstützung."

Nach diesem Innehalten nimmt Frank deutlich entspannter den Faden wieder auf und spricht seinen Kollegen an:

Beispiel:

„Du erzählst von Monas Ausfall und fragst mich, ob ich die Analyse übernehme. Vermutlich bist du ganz schön unter Druck und fragst dich, wie das alles jetzt zu schaffen ist?" „Ja, klar." „Bei mir ist es so, dass in drei Wochen Endtermin ist und mir Mona für nächste Woche die Analyse zugesichert hatte. Mir ist es jetzt extrem eng, denn ich brauche Unterstützung, um das Projekt verlässlich zu Ende zu bringen. Deshalb möchte ich es nicht machen und bitte dich, jemanden aus der Nachbarabteilung zu fragen. In drei Wochen bin ich dann wieder bereit, zu helfen, wenn es bei euch brennt."

So hat Frank Verständnis für sein Gegenüber gezeigt und sich gleichzeitig aufrichtig für sich eingesetzt. Er übernimmt Verantwortung, indem er sagt: „Deshalb möchte ich es nicht machen", anstatt die Verantwortung zu leugnen und zu sagen: „Ich kann nicht …". Das schafft Klarheit und drückt gleichzeitig Wohlwollen aus. Indem er mit einem Handlungsvorschlag abschließt, zeigt er, dass er an den Anliegen der anderen Person interessiert ist (siehe hierzu auch die Checkliste im letzten Kapitel).

Nehmen Sie sich eine kurze Atempause – gerade dann, wenn Sie glauben, Sie hätten keine Zeit dazu. Ein empathisches und aufrichtiges Nein bedeutet nicht nur Selbstfürsorge, sondern auch Beziehungspflege.

Mythos Misserfolg

Gehen Sie mit sich selbst manchmal hart ins Gericht, wenn es nicht so läuft, wie Sie sich das wünschen? Verurteilen Sie sich vielleicht als inkompetent, faul, egoistisch oder schwach? Dann kennen Sie sicher auch die Gefühle von Schuld, Scham oder Ärger, die damit einhergehen und Ihnen neben der Niederlage das Leben zusätzlich schwer machen.

Die Fallstricke der Selbstkritik

In unserer Gesellschaft herrscht oft noch der Glaube vor, dass Menschen sich nicht von sich aus anstrengen, sondern zu guten Leistungen angespornt werden müssen. Dazu gäbe es wirksame Mittel: Lob, Kritik oder gar Strafe. Wir loben und kritisieren Menschen in der Hoffnung, dass sie tun, was wir wollen. Tun sie dies jedoch nicht, wird Anerkennung verweigert oder Strafe ausgesprochen. Das Traurige an diesem Konzept ist, dass Menschen dadurch abhängig vom Urteil anderer werden und selbst nicht mehr einschätzen können, ob ihre Arbeit dienlich oder hinderlich war. Diese extrinsische Motivation (von außen motiviert) hat einige Fallstricke auf Lager:

Viele Menschen haben Angst, den äußeren Anforderungen nicht gewachsen zu sein. Die Furcht zu versagen und damit vielleicht auch die Anerkennung und Glaubwürdigkeit zu verlieren, kann manchmal dazu führen, dass sie sich selbst in aller Strenge be- oder verurteilen. Denn wenn sie es selbst tun, dann müssen es andere nicht mehr. So bewahren sie sich wenigstens noch ein Stückchen vermeintliche Selbstbestimmung. Damit das Konzept aufgeht, müssen sie sich möglichst schneller und strenger verurteilen als andere das tun. So gehen sie bereits mit dem Gedankenkonzept „ich bin sowieso nicht gut genug" ins Rennen und wundern sich danach vielleicht, dass sie auch noch Recht bekommen. Der unbewusste Wunsch, einer Verurteilung zu entkommen, endet dann in einer harschen Selbstkritik. Damit verbunden wird leider oft auch der eigene Glaube daran geschmälert, Herausforderungen gewachsen zu sein. Der sogenannte „Selbstwirksamkeitsglaube" ist jedoch eine wichtige Voraussetzung für das Verwirklichen eigener Träume und Ziele.

Wer sich mit einer Portion Selbstkritik anspornt, ist sich vielleicht nicht bewusst, dass der Antrieb dahinter meist Angst vor Versagen oder Fremdkritik ist. Angst jedoch lässt unsere Amygdala auf Alarmstufe Orange oder Rot umschalten und bringt den inneren Supervisor (den präfrontalen Kortex) aus dem Gleichgewicht. Das wirkt sich unweigerlich hindernd auf die eigene Leistung aus. Sie sehen, es lohnt sich, das Konzept der Selbstkritik zu hinterfragen und sich nach Alternativen umzusehen.

Entwicklung durch Selbstempathie

Das Modell der Gewaltfreien Kommunikation und die damit verbundene wertschätzende Haltung laden Sie dazu ein, einen neuen Weg einzuschlagen, wie Sie mit „Misserfolgen" umgehen können. Der Fokus liegt dabei nicht auf dem, was Sie falsch gemacht haben, sondern darauf, was Sie brauchen, damit es Ihnen gut geht. So werden Fehler zu Lernchancen, und Sie können sich in eine Richtung weiterentwickeln, die im Einklang mit Ihren persönlichen Werten steht.

Beispiel:

Marc, 34, Vater eines achtjährigen Jungen, leitet ein wichtiges IT-Projekt. Auf Hochtouren arbeitet er auf eine wichtige Kundenpräsentation hin und steht unter Druck, weil der Kunde kurzfristig Änderungswünsche bekanntgegeben hat. Sein Sohn spielt seit einiger Zeit begeistert Eishockey und es steht ein wichtiges Match an. Marc hatte seinem Sohn zwar versprochen, ihn als Fan zu unterstützen, doch dann hat er sich kurzfristig entschieden, die Präsentation fertigzustellen. Als er spätabends das Büro verlässt, hört er eine innere Stimme, die ihm übel zusetzt: „Was bist du für ein Rabenvater!" Schuldgefühle übermannen Marc und er beginnt, sich innerlich zu rechtfertigen: „Was kann ich dafür, wenn der Kunde so kurzfristig Änderungswünsche hat? Bei dem muss immer alles auf den letzten Drücker passieren! Und überhaupt, mein Sohn muss auch lernen, dass im Leben eben nicht alles möglich ist."

Geraten wir erst einmal in die Fänge unseres inneren Kritikers, sind wir leicht dazu verführt, die Schuld den anderen in die Schuhe zu schieben und uns selbst zu rechtfertigen. Das mindert zwar das Aufsteigen von Schuld- oder Schamgefühlen, doch wird man damit auch zum Opfer und leugnet die Verantwortung für das eigene Handeln. Aus dieser Energie lässt sich nur schwer für die Zukunft lernen, geschweige denn, ein konstruktives Gespräch führen.

Damit Sie aus diesem Gedankenkarussell aussteigen können, empfehlen wir Ihnen folgendes Vorgehen.

1. Den SAAT-Fallschirm öffnen

Nehmen Sie wahr, dass Sie in Ihren Gedanken gefangen sind. Stoppen Sie diese und halten Sie für einen Moment inne. Atmen Sie tief ein und aus und nehmen Sie an, was ist. Nehmen Sie sich ein Time-out und verschaffen Sie sich damit die nötige Klarheit, um konstruktiv weitergehen zu können.

2. Die Stimme des inneren Kritikers und des inneren Entscheiders erkennen

In unserer Arbeit gehen wir davon aus, dass wir innere Anteile haben, die manchmal miteinander im Konflikt stehen. In Marcs Fall ist auf der einen Seite der innere Kritiker, der ihn verurteilt, dass er seinen Sohn im Stich gelassen hat. Auf der anderen Seite meldet sich der innere Entscheider, der zugestimmt hat, die Kundenpräsentation fertigzustellen. Beide Teile setzen sich für die Erfüllung von Bedürfnissen ein und drücken dies in Form von Urteilen oder Rechtfertigungen aus.

3. Hören Sie dem inneren Kritiker als Erstes zu

Da der innere Kritiker der Teil ist, der in der Situation zu kurz gekommen ist, schenken Sie diesem Teil zuerst Ihre Aufmerksamkeit. Begleiten Sie ihn vom Kopfkino seiner Selbstvorwürfe oder Schuldzuweisungen über die vier Schritte der GFK bis hin zu einer konkreten Bitte. Stellen Sie sich folgende Fragen:

- Was sagt Ihnen der innere Kritiker?
- Auf welche konkrete Beobachtung bezieht er sich?

- Wie geht es ihm damit? Um welche Bedürfnisse und Anliegen geht es ihm?
- Was könnte die Bitte des inneren Kritikers sein?

Wenn es Ihnen schwerfällt, die einzelnen Fragen zu beantworten, dann nehmen Sie den KLEE-Code zu Hilfe.

Beispiel:

Bevor Marc nach Hause geht, gönnt er sich eine Auszeit. Im Wechselbad der Gefühle möchte er wieder zur Ruhe kommen. Nach ein paar Atemzügen wendet er sich seinem inneren Kritiker zu und hört sich an, was der zu sagen hat: „Du bist ein Rabenvater! Wie kannst du nur deinen Sohn im Stich lassen. Er hat sich so darauf gefreut, dass du kommst!" Marc nimmt wahr, dass sich zusammen mit diesen Gedanken Schuld- und Schamgefühle in seinem Bauch breitmachen. Das fühlt sich an wie ein riesiger Kloß, der drückt. Es ist sehr unangenehm und am liebsten würde er das Gefühl verdrängen.

Marc ist sich bewusst, dass diese Gefühle nicht weggehen, wenn er sie nicht ernst nimmt. So beschließt er, ihnen Raum zu geben mit der inneren Haltung von: „Ich möchte dich wirklich verstehen." Der Kloß im Bauch scheint sich etwas zu lösen und er wendet sich der Beobachtungsfrage zu: „Ich habe meinem Sohn versprochen, ihn heute bei seinem Eishockeyspiel als Fan zu unterstützen. Ich habe mich entschieden, auf Kosten des Matchs die kurzfristigen Änderungswünsche des Kunden in die Kundenpräsentation von morgen einzuarbeiten ..." Nun beginnt Marc das Befinden und die Bedürfnisse des inneren Kritikers zu erkunden. „Ich bin traurig, weil mir daran liegt, dass sich mein Sohn auf mich verlassen kann. Ich bin auch frustriert, weil ich so gerne teilhaben möchte an den Dingen, die ihm wichtig sind." Marc merkt, wie er innerlich ruhiger und mit sich versöhnter wird. Ja, es ist in Ordnung jetzt traurig und frustriert zu sein, weil ihm die Bedürfnisse wirklich am Herzen liegen. Er überlegt sich, was er nun tun möchte: „Ich gehe jetzt nach Hause und spreche mit meinem Sohn. Ich frage ihn, wie es ihm geht, und sage ihm, wie sehr es mir leidtut, nicht dabei gewesen zu sein, weil ich gerne an seinem Leben teilhaben möchte. Dann werde ich ihn fragen, ob er mir genau erzählt, was alles im Match passiert ist."

4. Hören Sie dem inneren Entscheider zu

Wenn Sie dem inneren Kritiker zuhören, kann es durchaus passieren, dass sich der innere Entscheider mit Rechtfertigungen zu Wort meldet. Denn er hatte ja einen guten Grund so zu entscheiden, wie er das tat. Deswegen ist es wichtig, dass Sie auch diesem Teil mit innerer Zuwendung und Achtsamkeit zuhören. Stellen Sie sich folgende Fragen:

- Was sagt Ihnen der innere Entscheider? (Kopfkino)
- Auf welche konkrete Beobachtung bezieht er sich?
- Wie geht es ihm damit? Um welche Bedürfnisse und Anliegen geht es ihm?
- Was könnte seine Bitte sein?

Beispiel:

Obwohl Marc schon fast bereit ist, nach Hause zu gehen, merkt er, dass sich sein innerer Entscheider noch meldet. Der scheint sich verteidigen zu wollen, deshalb hört er auch seinen Gedanken und Urteilen aufmerksam zu: „Sorry, du hattest ja keine andere Wahl! Morgen ist die Präsentation und der Kunde hat kurzfristig Änderungswünsche durchgegeben. Ich kann diese doch nicht einfach ignorieren! Was denkt da der Kunde von mir?" Marc ist ganz eng im Hals und er verspürt innerlich einen großen Druck. Er bleibt für einen Moment mit seiner Aufmerksamkeit dort und nimmt eine leichte Entspannung wahr. So kann er sich den vier Schritten der GFK widmen. Was genau ist geschehen? „Heute hat sich der Kunde gemeldet und gesagt, dass er noch Änderungswünsche für die morgige Präsentation hat. Deshalb habe ich mich entschieden, heute so lange daran zu arbeiten, bis sie mit allen Änderungen fertig ist." Wie ging es dem inneren Entscheider und wofür hat er sich eingesetzt? „Ich war total unter Druck und wollte alles dazu beitragen, dass der Kunde zufrieden ist. Mir ging es um Verlässlichkeit und auch um wirtschaftliche Sicherheit."

Erinnern Sie sich bei den Bedürfnissen immer daran, dass dieser Schritt besonders wirkungsvoll ist, wenn Sie sich mit der Fülle verbinden. Dort tanken Sie Ihren Empathie-Akku auf und sammeln Kraft für die nächsten Handlungsschritte.

Beispiel:

Marc ist innerlich berührt, als er mit dem Anteil in Kontakt kommt, der immer wieder sein Bestes geben möchte. Er lässt vor seinem inneren Auge Revue passieren, was er schon alles für diesen Kunden gemacht hat. Das ist eine ganze Menge und er merkt, dass er sich auch über das eigene Engagement freut. Plötzlich erwacht in ihm auch ein inneres Vertrauen, dass der Kunde nicht gleich abspringen würde, wenn seine Bitte nicht perfekt umgesetzt würde. In einem Gespräch hätte er das sicher klären können. Er nimmt sich vor, das in Zukunft mit dem Kunden zu überprüfen, wenn er wieder einmal in solch eine Situation kommt.

5. Einen nächsten Handlungsschritt einleiten

Sind die Bedürfnisse beider Anteile auf dem Tisch, gilt es nun, eine Lösung zu finden, mit der beide Teile zufrieden sind. Sonst laufen Sie Gefahr, dass sich ein Teil bei der Umsetzung der Lösung sabotierend in den Weg stellt. Stellen Sie sich deshalb folgende Frage: Was ist mein konkreter nächster Schritt, um die Bedürfnisse beider Teile gleichermaßen zu berücksichtigen?

Beispiel:

Nachdem sich Marc mit den Bedürfnissen beider Seiten verbunden und bereits erste Handlungsschritte erarbeitet hat, merkt er, dass er viel ruhiger ist. Das schlechte Gewissen ist einer Handlungsenergie gewichen, die sein Verhalten von Herzen wiedergutmachen möchte. Er fühlt sich auch stark genug, die Enttäuschung seines Sohnes zu hören, ohne sich rechtfertigen zu müssen, und er ist zuversichtlich, dass sie dadurch heute Abend in eine warme Verbindung kommen. Die Erkenntnis, nicht einfach zu tun, was der Kunde will, sondern auch mal nachzufragen, was wirklich notwendig ist, erleichtert ihn ungemein. Mit diesen nächsten Schritten werden die Bedürfnisse nach „Verlässlichkeit", „Teilhaben am Leben seines Sohnes", „einen Beitrag leisten können" und „wirtschaftlicher Sicherheit" berücksichtigt. Das fühlt sich gut an und Marc freut sich nun, seinen Sohn zu sehen.

Dieses Beispiel veranschaulicht, dass hinter allen inneren Stimmen Bedürfnisse stehen, die gehört werden wollen. Nehmen wir alle unsere Bedürfnisse gleichermaßen ernst, stärken wir uns in der Entwicklung unserer Persönlichkeit und machen uns wieder handlungsfähig. Statt uns schuldig zu fühlen oder uns zu verurteilen, machen wir uns unsere „guten Gründe" bewusst. Das bringt uns in inneren Kontakt und stärkt uns, die Beziehung mit uns und mit anderen aktiv zu gestalten.

Nutzen Sie in den Prozessen der Gewaltfreien Kommunikation auch die KLEE-Schritte, um Ihr Tempo zu drosseln und mit Ihren Stärken in Verbindung zu kommen.

Clever entscheiden

Entscheidungen gehören zum Alltag. Und obwohl wir viele mit Leichtigkeit treffen, lösen manche bei uns innere Zerrissenheit aus. Speziell Ja-Nein-Entscheidungen sind oft besonders schwer, weil wir glauben, zwischen zwei nicht veränderbaren Möglichkeiten entscheiden zu müssen. Wenn es jedoch gelingt, hinter den Entscheidungsoptionen Bedürfnisse zu erkennen, entsteht oft Raum für „sowohl als auch".

Beispiel:

Christian, 36, ist stellvertretender Geschäftsführer eines größeren Einzelhandelsgeschäfts. Beim letzten Zielbeurteilungsgespräch hat ihm seine Chefin nahegelegt, sich zum Verkaufsleiter ausbilden zu lassen, um ihre Stelle übernehmen zu können, wenn sie in drei Jahren in Pension geht. Christian ist hin- und hergerissen, ob er sich auf diese Weiterbildung einlassen soll oder nicht. Zum Mittagessen trifft er sich mit seinem Freund Peter, der sich gerade in Gewaltfreier Kommunikation ausbilden lässt. Gemeinsam besprechen sie auf Basis der GFK die Handlungsoptionen von Christian.

1. Fragestellung herausarbeiten

Zu Beginn einer Selbstklärung sortieren Sie: Was genau ist Ihre Fragestellung? Achten Sie dabei darauf, dass die Fragestellung mit einem Ja oder einem Nein beantwortet werden kann. Wohin zieht es Sie emotional (in welche Richtung zieht Ihr Körper-Echo) als Erstes? Was spricht dafür und was dagegen? Notieren Sie sich alle Argumente und Gedanken, die für ein Ja oder Nein sprechen.

Beispiel:

Peter möchte von Christian wissen, was seine Fragestellung ist. Christian denkt nach und sagt: „Soll ich die Ausbildung zum Verkaufsleiter machen?" Wohin es Christian spontan mehr hin zieht? „Ganz klar zum Ja."

„Was geht dir durch den Kopf, wenn du an das Ja denkst?", will Peter wissen und schreibt die Gedanken stichwortartig auf eine Papierserviette. „Wenn ich beruflich weiter kommen will, komme ich nicht daran vorbei. Ich kann mir echt nicht vorstellen, mein ganzes Berufsleben als Stellvertreter zu verbringen. Mehr Geld zu verdienen und auch mehr Verantwortung zu tragen, wären ein Anreiz."

Peter nickt: „Und welche Argumente sprechen für ein Nein?" „Falls ich die Ausbildung mache, habe ich das nächste Jahr weniger Zeit für meine Familie, weil ich an freien Tagen lernen muss. Meine Kinder und meine Frau brauchen mich aber jetzt gerade."

2. Bedürfnisse erkennen

Allein das Abwägen der Argumente bringt noch nicht die gewünschte Klarheit. Erst wenn Sie Ihre dahinter liegenden Bedürfnisse erkennen, sind Sie mit Ihrer Motivation in Kontakt. Ihre Befindlichkeit können Sie dabei als Wegweiser zu Ihren Bedürfnissen nutzen. Welche Emotion ist mit dem Argument verbunden und zu welchem Bedürfnis führt sie?

Beispiel:

Peter versucht Christians Gefühle und Bedürfnisse empathisch zu erahnen: „Wenn du an das Ja denkst, bist du interessiert und neugierig, weil du im Job weiterkommen möchtest? Hast du auch Hoffnung, dass sich dein finanzieller Handlungsspielraum verbessern könnte?" Christian stimmt zu: „Ja, und meine Arbeit würde mir auch mehr Spaß machen, weil ich mich weiterentwickeln kann." Peter ist nun neugierig auf die Bedürfnisse hinter dem Nein: „Und wenn du daran denkst, wie sehr dich deine Familie braucht, machst du dir Sorgen, weil du sie unterstützen möchtest?" „Ja, genau so ist es!" erwidert Christian. Peter fasst seine Notizen auf der Serviette zusammen: „Dein inneres Ja setzt sich also für einen größeren finanziellen Handlungsspielraum und für Weiterkommen ein. Dein inneres Nein steht dafür, wie sehr du ein harmonisches Familienleben unterstützen möchtest? Richtig?" „Ja, die Zeit mit meiner Familie ist mir sehr kostbar."

3. Lösung suchen

Haben Sie erst einmal Klarheit, worum es Ihnen im Kern geht, „googeln" Sie in Ihrem Gehirn nach Handlungsstrategien, die die Bedürfnisse beider Seiten berücksichtigen. Lassen Sie sich davon überraschen, was Ihnen alles einfällt, wenn Sie die Bedürfnisse statt der Argumente im Fokus halten.

Beispiel:

„Angenommen, es gäbe neben einem Entweder-Oder auch eine Sowohl-als-auch-Lösung, die beide Bedürfnisse berücksichtigt: die der Ja- und der Nein-Seite. Wie könnte diese dann aussehen?", erforscht Peter weiter. „Hmm ... also, wenn ich die Fortbildung unter der Woche während meiner Arbeitszeit machen könnte, dann wäre für mich die Sache klar. Ich werde abklären, ob das möglich ist. Auch wenn ich dafür unbezahlten Urlaub nehme. Ich spreche mal mit meiner Vorgesetzten, welche Optionen es da gibt."

14 Tage später, bei einem Feierabendbier mit Peter, berichtet Christian: „Stell dir vor: Die Ausbildung unter der Woche habe ich gefunden. Meine Chefin stellt mir die Zeit zur Verfügung. Und mit meiner Familie habe ich einen Weg gefunden, wie ich lernen kann und trotzdem Zeit für sie habe."

> Fazit: Schenken Sie Ihrem inneren Ja und Nein gleichermaßen Aufmerksamkeit. Beide stehen für wichtige Bedürfnisse und Werte in Ihrem Leben. Liegen diese auf dem Tisch, zeigen sich oft neue Handlungsspielräume, die ein befreiendes „Sowohl-als-auch" ermöglichen.

Obwohl es angenehm ist, wie in diesem Beispiel von einer Person durch den Prozess geführt zu werden, können Sie diesen auch gut für sich alleine machen. Die passenden Fragen dazu finden Sie in der Checkliste „Clever entscheiden".

Auf einen Blick: Akku laden – die Macht der Selbstempathie

- Laden Sie Ihren Akku auf, indem Sie sich auf sich selbst fokussieren. Das SAAT-Prinzip unterstützt Sie dabei: **S**ituation erkennen, **A**tmen mit dem Fokus nach innen gerichtet, **A**nnehmen was ist. **T**ime-out, wenn nötig.
- Mit dem KLEE-Code erweitern Sie Ihre selbstempathischen Fähigkeiten: **K**örper-Echo aktivieren, **L**iebevoll sich selbst begegnen, **E**motionen benennen, **E**intauchen in die Fülle der Bedürfnisse.
- Ärger, Schuld und Scham zeigen, dass wir uns in wertende Gedanken verstrickt haben. Übersetzen Sie diese Gedanken in Bedürfnisse. Dadurch kommen Sie mit Ihrer persönlichen Kraft in Verbindung.
- Ein Nein gegenüber anderen ist ein Ja zu sich selbst.
- Lernen Sie nachhaltig aus Ihren „Fehlern", indem Sie nach den Bedürfnissen des inneren Kritikers und des inneren Entscheiders forschen.
- Entscheidungsklarheit entsteht auf der Basis von Bedürfnissen. Werden Sie sich darüber klar, worum es Ihnen geht.

Nachhaltig für Nachschub sorgen

Wenn Sie jetzt Ideen bekommen haben, wie Ihr Empathie-Akku funktioniert, dann gilt es nun darüber nachzudenken, wie Sie ihn dauerhaft leistungsfähig halten. Ist Ihr Akku aufgeladen, dann haben Sie reelle Chancen, authentisch für sich einzustehen. Die Wahrscheinlichkeit, dass Ihre Beziehungen gelingen, steigt. Und das ist die Grundlage für Zufriedenheit und Lebensqualität.

In diesem Kapitel lesen Sie,

- wie Sie Ihre Blickrichtung neu ausrichten können,
- was Sie davon haben, wenn Kopf, Herz und Bauch verbunden sind,
- wie Wertschätzung zum Lebenselixier wird und
- wie Sie Ihre Lebensbereiche ins Gleichgewicht bringen können.

Den Fokus neu ausrichten

Jetzt geht es darum, sich innerlich verfügbar zu machen, was Ihren Umgang mit sich selbst und anderen nachhaltig fördert. Sie konnten bisher erfahren, wie Sie Ihre Handlungsräume auch in scheinbar ausweglosen Situationen erweitern können. Wenn etwas nicht so gelaufen ist, wie Sie es sich gewünscht hätten, dann können Sie selbst entscheiden: Will ich in der Schuldfalle landen und die Verantwortung für „Fehler" in meinem äußeren Umfeld suchen? Oder bin ich bereit, Abweichungen vom gewünschten Verhalten als Lernchancen zu begreifen und zu nutzen? Stellen Sie sich vor, Sie hören eine Aussage, die für Sie unangenehm ist, weil Sie diese als Angriff, Kritik, Vorwurf o. Ä. verstehen. Sie könnten innerlich oder äußerlich, also im Denken und Sprechen, in folgenden Varianten reagieren:

Aussage: „Das hätte man auch anders machen können."	
Unbewusst Reagieren	**Bewusst Agieren**
„Ihr kann man auch gar nichts recht machen." → anderen die Schuld geben	„Ich bin frustriert und möchte mit meinem Einsatz gesehen werden." → Empathie für sich selbst
„Vielleicht hätte ich mich mehr anstrengen müssen." → sich selbst beschuldigen	„Vielleicht ist sie unzufrieden und möchte mit ihrer Erfahrung einbezogen werden." → Empathie für andere

Verharren wir in unbewussten Denkmustern, dann geben wir anderen die Macht darüber, wie wir uns fühlen. Die Gewaltfreie Kommunikation zeigt uns, wie wir wieder in unseren eigenen Einflussbereich gelangen. So können wir jeden Tag neu wählen, ob wir Opfer oder Akteur/-in des eigenen Lebens werden. Wir können bewusst handeln und offen bleiben. So steigen die Aussichten, dass die Bedürfnisse auf beiden Seiten wahrgenommen werden und das Miteinander konstruktiv wird. Wählen Sie selbst, ob Sie die Aussage anderer als Angriff interpretieren oder als eher unglücklichen Ausdruck von Bedürfnissen.

Aktivieren Sie Ihre Selbstkompetenzen und damit die Fähigkeit, Ihre eigenen Verantwortungs- und Handlungsräume zu erkennen und zu erweitern. Damit stärken Sie Ihr Vertrauen, dass Sie selbst wirksam sind. Sie können dadurch in Herausforderungen bewusster handeln, anstatt unbewusst zu reagieren. Im Kontakt mit Ihren Bedürfnissen stehen Sie als Anwalt in eigener Sache für sich ein. So werden Sie Akteur Ihres Lebens.

Kopf, Herz und Bauch im Gleichgewicht

Möchten Sie in Ihrem Alltag ruhig bleiben und sich nicht so schnell aus dem Konzept bringen lassen? Wünschen Sie sich Deeskalationsstrategien, wie Sie Ihr eigenes Toleranzfenster in Stresssituationen erweitern können? Kopf, Herz und Bauch sind mit dem vegetativen Nervensystem verbunden. Wenn Sie sich beruhigen möchten, dann können Sie an den folgenden drei Stellen ansetzen.

Wie Sie Ihren Kopf erreichen

Nach unserer Erfahrung steht der Kopf für analytisches Denken und intellektuelles Verstehen. Er will Zusammenhänge erkennen, Klarheit und Offenheit erleben und baut auf Erfahrungen auf.

Hilfreiche Strategien, die den Kopf ansprechen
▪ Die Leitlinien der GFK in Erinnerung rufen und sich entscheiden, ob man danach handeln möchte.
▪ Urteile aus dem eigenen Kopfkino in Bedürfnisse übersetzen.
▪ Eine Situation mit den vier Schritten der GFK klären.
▪ Bewertungen von Fakten trennen mit den Fragen: „Was genau ist geschehen?" oder „Was davon ist wirklich wahr?"
▪ Vielfältige Handlungsstrategien entwickeln, wie Bedürfnisse erfüllt werden können (und nicht in einer Lieblingsstrategie verharren).
▪ Sich mit Wohlwollen in die Schuhe anderer stellen und die Welt aus ihrer Perspektive sehen.

Wie Sie Ihr Herz erreichen

Das Herz wünscht sich Raum und Weite – auf der körperlichen und emotionalen Ebene. Es sehnt sich nach Nähe, emotionaler Resonanz, Liebe und Empathie.

Hilfreiche Strategien, die das Herz ansprechen
■ Durch bewusstes Atmen im Hier und Jetzt innehalten und Raum schaffen.
■ Sich bewusst sein, dass man Mensch ist und verletzlich ist.
■ Berührung zulassen und aushalten.
■ Wahrnehmen, wie Gefühle sich verändern, wenn wir in Berührung mit unseren eigenen Bedürfnissen kommen.
■ Mindestens 20 Sekunden bei dieser körperlichen Resonanz verweilen.
■ Sich zugestehen, dass Verletzlichkeit innere Stärke bedeutet.
■ Mit sich selbst innerlich in einem warmherzigen Ton sprechen und die eigenen guten Absichten anerkennen.
■ Mit Selbstwertschätzung das eigene Handeln würdigen.

Wie Sie Ihren Bauch erreichen

Im Bauchbereich liegen die Kraft der Erdung, Vertrauen und Intuition. Der Bauch nimmt auf und lässt los – das gilt für körperliche Nahrung, aber auch für das Verarbeiten von persönlichen Prozessen bis hin zur Versöhnung. Er steht für Selbsterhaltung und Sicherheit. Das sprichwörtliche Bauchgefühl spiegelt unsere erlebten Erfahrungen wider.

Hilfreiche Strategien, die den Bauch ansprechen
■ Den Atem bewusst in den Bauch lenken und den Raum wahrnehmen, den er einnimmt.
■ Sich eine Auszeit nehmen, um etwas sacken zu lassen, darüber schlafen oder „verdauen".
■ Eine wertschätzende Grundhaltung wählen.
■ Mit dem Grundvertrauen in Gespräche gehen, dass wir in jeder Situation unser Bestes geben.
■ Sich Ärger und Wut erlauben und mit dem Ärger-Prozess wandeln.
■ Die eigenen Bedürfnisse als unabdingbar ernst nehmen und die Fülle erleben.
■ Auf den Bauch hören und Intuition ernst nehmen.

Wir haben alle unsere bevorzugten Verhaltensweisen – die unterschiedlich Kopf, Herz und Bauch ansprechen. Die Fülle entsteht, wenn wir alle Kanäle einbeziehen und in Balance bringen. Wenn Sie z.B. dazu neigen, Ihre Probleme eher im Kopf zu lösen, dann versuchen Sie ruhig einmal, Ihre Komfortzone zu verlassen. Erlauben Sie sich, auf Ihr Herz zu hören oder atmen Sie tief in den Bauch. Lassen Sie sich überraschen, welche Chancen darin stecken.

Erweitern Sie Ihre Handlungsräume: Wenn Sie vertraute Vorgehensweisen im Umgang mit Stress erkannt haben, dann probieren Sie sich auf einer anderen körperlichen Ebene aus. Wenn Sie sich ganzheitlich wahrnehmen, schöpfen Sie Ihr volles Potenzial aus.

Herzkohärenz und Einklang zwischen Herz und Hirn

Die Neuroforschung, z. B. der französische Mediziner und Psychiater David Servan-Schreiber, zeigt mit beeindruckenden Forschungsergebnissen auf, wie sich innere Ausgewogenheit auf unseren Körper auswirkt:

Der Rhythmus unseres Pulses verändert sich im Verlauf des Tages, je nachdem was wir erleben. Sind wir gestresst oder ängstlich, schlägt er ungleichmäßig aus. Fühlen wir uns jedoch wohl, erleben wir Dankbarkeit oder Anteilnahme, führt dies zur Kohärenz: Beschleunigung und Bremsen des Herzschlags wechseln gleichmäßig. Unser Organismus kann die Herzfrequenz so anpassen, wie sie gerade der Gesundheit dient. An diesem Prozess sind zwei wichtige Stränge des vegetativen Nervensystem beteiligt: Der Sympathikus und der Parasympathikus. Der erste kurbelt die Herzfrequenz an und der zweite entschleunigt sie im Gegenzug wieder. Üblicherweise lässt diese ausgleichende Fähigkeit im Lauf des Lebens beständig nach. Unser Körper kann sich immer weniger an körperliche und psychische Veränderungen anpassen. Grund dafür ist, dass wir unseren Parasympathikus oder Ruhenerv im Alltag weniger trainieren als unseren Beschleuniger, den Sympathikus. Das führt mit der Zeit dazu, dass wir unseren Körper wie eine Maschine beliebig auf Touren bringen, doch die Bremse nicht mehr kontrollieren können. Herz- und Kreislauferkrankungen sind häufig die Folge dieser ungünstigen Entwicklung.

David Servan-Schreiber demonstrierte uns vor Jahren mit einem Computerprogramm die Schwankungen des Herzschlags. Mit einem Abnehmer an der Fingerspitze verbunden, zeigte der Monitor: Allein die Beschäftigung mit komplexen Kopfrechenaufgaben vor dem Publikum führte zu einem erhöhten Pulsschlag. Die Intervalle zwischen den aufeinanderfolgenden Herzschlägen wurden unregelmäßig. Konzentrierten wir uns anschließend auf den Bereich des Herzens und nahmen eine beglückende Erinnerung, angenehme Musik oder Dankbarkeit in uns auf, so führte dies in wenigen Sekunden zu einer regelmäßigen Kohärenz.

> Der Einklang zwischen dem Herzen und dem emotionalen Gehirn stabilisiert das vegetative Nervensystem. Anspannung und Entspannung ins Gleichgewicht zu bringen können wir trainieren, z. B. durch Mitgefühl, Dankbarkeit, bewusstes Atmen, Yoga, Selbstempathie-Prozesse, Gewaltfreies Kommunizieren. Je intensiver und regelmäßiger dies eingeübt wird, desto leichter findet man zur Kohärenz und fördert damit nachhaltig die Gesundheit.

Wertschätzen, was ist

Wertschätzung für sich selbst oder andere ist für uns nicht nur eine reichhaltige Quelle zum Auftanken, sondern auch eine gute Möglichkeit, die Aufmerksamkeit nach innen zu trainieren. Sie folgt der Struktur der Gewaltfreien Kommunikation in vier Schritten. Mit folgenden Fragen können Sie sich täglich etwas Gutes tun:

- Was habe ich heute konkret getan, um meinen Alltag oder das Leben anderer angenehm zu machen? Beschreiben Sie die Fakten, ohne sie zu bewerten.

- Wie geht es mir jetzt dabei, wenn ich mir dies bewusst mache? Welche Anliegen, Werte und Bedürfnisse haben sich dadurch für mich erfüllt?
- Dafür spreche ich mir innerlich ein „Danke" aus.

Auf diese Weise machen Sie sich bewusst, auf welche Fülle an Erfahrungen Sie zurückgreifen können und was Sie alles im Leben gut gemeistert haben. Das nährt nicht nur Ihr emotionales Gehirn, sondern auch Ihre Seele. Es werden Glücksbotenstoffe ausgeschüttet, die unseren Lebensmotor in Schwung und damit Kraft für neue Taten bringen. Diese Tatkraft stärkt uns dabei, auch betrübliche Ereignisse anzunehmen und daraus zu lernen, anstatt darin stecken zu bleiben. Dadurch wird Wertschätzung zum Lebenselixier.

Vielleicht löst die Vorstellung, das eigene Tun zu würdigen, bei Ihnen zunächst so etwas wie Unbehagen oder Verlegenheit aus? Oder Sie fragen sich, ob Sie auf diese Weise einer Art Geltungssucht oder „fishing for compliments" verfallen könnten? Dann erinnern Sie sich vielleicht an die Sackgasse im Kapitel „Schuld- und Schamgefühle", in der wir landen können, wenn wir unseren kulturell geprägten Denkmustern folgen, die uns von unserer natürlichen Lebendigkeit entfernen. Die Erfahrungen aus unserer Arbeit in Firmen zeigen, dass wir uns im Trubel des Alltags häufig darauf fokussieren, was nicht wie gewünscht gelaufen ist. Jeder Mensch hat Schwächen und Stärken. Wenn Sie beides in Balance bringen, schaffen Sie einen Boden für Mitgefühl und Selbstrespekt. So können Sie Ihre eigenen Fähigkeiten bejahen, ohne sich von der Zustimmung anderer abhängig zu machen. Dadurch können Sie Ihre Haltung vertiefen, dass Menschen grundsätzlich ihr Bestes geben und reiche Ressourcen in sich tragen. Wir brauchen nicht perfekt zu sein und es muss nichts Außergewöhnliches passieren, damit wir diese Quelle als Treibstoff für unseren Akku täglich anzapfen können.

Beispiel

Andrea scheint einen schlechten Tag zu haben. Bei der morgendlichen Übergabe ihres Sohnes im Kinderhort ist sie selbst knapp einem Wutanfall entkommen. Nur mit Engelsgeduld und eindringlichem Zureden hat sie ihn noch beruhigen und seine Tränen stoppen können. Dafür kam sie zu spät zur Teambesprechung und hat sich ein Augenrollen ihrer Kollegen eingefangen. In dieser zerknirschten Stimmung lief der restliche Tag nicht gerade begeisternd und auf dem Nachhauseweg fragt sie sich selbst, ob sie heute überhaupt etwas Nützliches gemacht hat.

Doch halt – war da nicht ein Strahlen der Praktikantin, als diese ihre Folien für die neue Produktpräsentation vorstellte? Andrea erinnert sich, dass sie in der letzten Woche zwei Stunden Extrazeit investiert hat, um ihr ein Feedback zu ihrer bisherigen Arbeit zu geben. Viele Aspekte davon sieht sie in den Folien umgesetzt. Sie merkt, wie Freude in ihr aufsteigt. Es wird ihr deutlich, dass sie mit ihren Erfahrungen zu etwas Sinnvollem beitragen konnte und sich ihr Einsatz gelohnt hat. Es bedeutet auch Fortschritt in ihrem Team. Kooperation und Freude im Miteinander werden damit noch mehr lebendig. Dafür ist sie sich selbst dankbar.

Oftmals sind es die kleinen „Alltäglichkeiten", die wir geneigt sind zu übersehen. Würdigen Sie auch die Dinge in Ihrem Umfeld, die Ihnen fast selbstverständlich erscheinen, z. B. dass Sie nicht nur Ihr Kind beruhigt, sondern der Betreuerin damit Entlastung ermöglicht haben. Oder dass Sie durch ein wiederholtes Eingehen auf den Kunden zu dessen Klarheit und Zufriedenheit beigetragen haben. Sie gewinnen dadurch Geläufigkeit für Ihre eigenen Bedürfnisse und bilden zugleich Ihren inneren „Empathiemuskel" aus. Das fördert ein verständnisvolles Miteinander in Beziehungen. Gleichzeitig trainieren Sie Ihre Fähigkeit, sich aus eigener Kraft selbst zu beruhigen. Ihr vegetatives Nervensystem kommt so nachhaltig in Balance.

Dankbarkeit ist Lebenselixier. Sie erweitern damit Ihr Bewusstsein, was im Leben alles gelingt. Dadurch können Sie regelmäßig mit der Fülle Ihrer Bedürfnisse in Kontakt kommen und Sie betreiben eine nachhaltige Stressprophylaxe.

Auf gleiche Weise sorgen Sie für Ihren Energiehaushalt, wenn Sie sich regelmäßig vor Augen halten: Was erlebe ich täglich im Verhalten meiner Mitmenschen, das mein Leben angenehm macht? Die unzählbaren kleinen „Glanzstücke": ob die Assistentin die Sitzungsräume ohne Ihr Zutun vorbereitet, Sie ein überraschendes Pausengespräch mit Ihrem Chef erleben, Ihr Kind Sie unverhofft umarmt, der Nachbar Ihren Rasen mäht oder Ihr Hund die Zeitung bringt.

Ganzheitlich leben: Ihre persönliche Balance

Wenn sich Menschen in ihrem Berufsleben stark engagieren, dann laufen sie Gefahr, andere Lebensbereiche wie Familie, soziale Kontakte, Gesundheit und Sinnerfüllung aus den Augen zu verlieren. Wer hingegen in der Familie aufgeht, findet vielleicht später keinen Anschluss mehr, um sich im Berufsleben zu verwirklichen.

Stellen Sie sich vor, Sie müssen Ihre berufliche Position aufgeben. Welche Auswirkungen hat das auf Ihre anderen Lebensbereiche? Können Sie auf echte Freunde zählen? Ist der Kontakt zu Ihrer Familie so offen und lebendig, dass er sie trägt? Was gibt Ihnen Sinn außerhalb Ihrer Arbeit? Vielleicht haben Sie aber auch Ihre größte Lebenskraft bisher in Ihre Beziehung gesteckt. Was ist, wenn sie auseinanderbricht? Und wenn Ihre Gesundheit leidet, wie zufrieden sind Sie dann mit dem, was Sie bis jetzt erreicht haben?

Behalten Sie im Auge, dass sich Bedürfnisse auch außerhalb der Arbeit erfüllen. Wenn Ihre Lebensbereiche ausgewogen sind, dann haben Sie festen Boden unter den Füßen, auch wenn eine Seite zeitweilig aus den Fugen gerät. Sie machen sich unabhängig von der Vorstellung, dass alle Bedürfnisse im Beruf erfüllt werden müssen.

Beispiel

Bettina hat sich entschieden, eine Ausbildung zur Steuerberaterin zu machen. Als sie die Prüfung nicht besteht, ist sie am Boden zerstört und fühlt sich ohnmächtig. Sie hat alles auf eine Karte gesetzt und jetzt hat es nicht geklappt. Erst als sie sich bewusst wird, dass ihr größtes Anliegen hinter der Ausbildung ihre persönliche Weiterentwicklung ist, wird ihr Blick offen dafür, wo sich ihr Bedürfnis schon erfüllt hat: in der Projektarbeit, beim Sport, bei der Klärung ihres Familienstreits. Sie entspannt sich und hat den Kopf nun frei für ihr weiteres Vorgehen.

Sie selbst sind der einzige Mensch, der für die Erfüllung Ihrer Bedürfnisse verantwortlich ist. Persönliche Werte können sich im Lauf des Lebens verändern. Wir laden Sie ein, heute Ihre persönliche Standortbestimmung zu machen: Welche Bedürfnisse erfüllen Sie sich in den verschiedenen Lebensbereichen? Welche Handlungsstrategien wählen Sie dafür? So könnte eine solche Standortbestimmung aussehen:

Persönliche Standortbestimmung

Meine Bedürfnisse	Meine Handlungsstrategien
Arbeit und Leistung	
zielgerichtetes Handeln z. B. Akzeptanz, Beitrag leisten, Einfluss nehmen, Erfolg, Entwicklung, materielle Existenz, Gestalten	▪ z. B. regelmäßige Weiterbildung ▪ den Job so ausrichten, dass ich meine Fähigkeiten einsetzen kann ▪ Feedback vom Chef und von meinen Kollegen einholen ▪ Standortbestimmung: Sind Leistung und Rückfluss (materiell und ideell) in Balance? ▪ ein Projekt übernehmen, in dem ich meine Potenziale zeigen kann
Körper und Gesundheit	
Handeln zum Selbsterhalt z. B. körperliche Nahrung, Bewegung, Spiel, Regeneration, Ruhe, Genuss	▪ z. B. regelmäßig Sport treiben ▪ konsequent Urlaub planen ▪ Atemübung in Mittagspause ▪ jede Woche Selbstempathie ▪ sich Massage oder Sauna gönnen ▪ Dankbarkeit für mich, täglich ▪ Tanzen gehen

Meine Bedürfnisse	Meine Handlungsstrategien
Familie und Kontakte	
Umgang mit Mitmenschen z. B. Zugehörigkeit, Austausch, Freundschaft, Freiheit, Unterstützung, Zuwendung, Wertschätzung	▪ z. B. mit Freundinnen verabreden ▪ den Konflikt mit Tochter oder Sohn klären ▪ Wertschätzung in meiner Beziehung ▪ um Empathie oder Streicheleinheiten bitten ▪ mit Kindern spielen ▪ regelmäßig mit einem kranken Menschen sprechen
Sinn und Werte	
Interaktion ohne personales Gegenüber z. B. geistige Nahrung, Sinn, Spiritualität, Frieden, Integrität, Kreativität, Selbstverwirklichung, Identität, Harmonie	▪ z. B. regelmäßig meditieren ▪ singen, ein Instrument spielen ▪ Theater oder gute Bücher ▪ soziales oder politisches Engagement ▪ Entscheidungen überprüfen, ob sie mit meiner Ethik in Einklang sind ▪ Religion und Philosophie ▪ Visionen entwickeln

Wie geht es Ihnen, wenn Sie diese vier Lebensbereiche auf der Ebene von Bedürfnissen und den dazu passenden Handlungsstrategien durchleuchten? Sind Sie zufrieden mit Ihrem Inventar? Welche konkreten Handlungsschritte wollen Sie unternehmen, um diese Lebensbereiche in Balance zu bringen? Wo erkennen Sie alternative Strategien, die Ihren Motor am Laufen halten? Wir wünschen Ihnen berührende Erkenntnisse, Kraft und Energie, wie Sie dem Menschen fürsorglich begegnen können, dem Sie am nächsten stehen: sich selbst.

Auf einen Blick: Nachhaltig für Nachschub sorgen

- Übernehmen Sie die Verantwortung für Ihr Handeln und verlieren Sie sich nicht in der Schuldfalle. Statt zu sagen „Wer ist schuld?“, fragen Sie sich lieber „Was brauche ich oder mein Gegenüber?“ Damit steigern Sie die Chance auf konstruktive Gespräche.
- Kopf, Herz und Bauch sind durch das vegetative Nervensystem miteinander verbunden. Schenken Sie allen drei Bereichen gleichermaßen Ihre Aufmerksamkeit. Damit erhöht sich Ihr Handlungsspielraum dafür, sich bei Stress wieder ins Gleichgewicht zu bringen.
- Eine der kraftvollsten Tankstellen für nachhaltiges Wohlbefinden ist die Fähigkeit, die Welt durch eine Brille der Wertschätzung zu sehen. Fragen Sie sich täglich, worüber Sie sich freuen. Denken Sie auch an die kleinen Dinge.
- Ganzheitliches Lebensmanagement bedeutet, Arbeit und Leistung, Körper und Gesundheit, Familie und Kontakte, Sinn und Werte in Balance zu halten.

Checklisten und Soforthilfen

10 Soforthilfen für unterwegs

Wenn Sie sich in den Finger schneiden, holen Sie sich vermutlich ein Pflaster und versorgen die Wunde. Wenn Ihr innerer Akku gegen Null geht, finden Sie hier 10 Ideen für Soforthilfe:

1 **Verabredung mit sich selbst:** Haben Ihnen die letzten drei Stunden Ihres Lebens gefallen? Jede Minute? Ist Ihre Antwort „Nein" oder „Nur bedingt", dann notieren Sie einen konkreten Auslöser für Ihre Unzufriedenheit. Fragen Sie sich: „Bin ich bereit, die Situation bedingungslos anzunehmen?" oder „Will ich aktiv verändern, was in meinem Handlungsspielraum steht?" Dann vereinbaren Sie jetzt einen Termin mit sich selbst, an dem Sie sich einen Selbstempathie-Prozess aus dem Buch gönnen.

2 **Vom Müssen zum Wollen:** Haben Sie heute schon gesagt „Ich muss…"? Erinnern Sie sich, dass Sie täglich neu wählen können. Welches Bedürfnis erfüllen Sie sich mit der betreffenden Handlung? Formulieren Sie Ihren Satz um: „Ich entscheide mich, weil mir … wichtig ist." Wenn Sie sich zu Ihrer Wahlfreiheit bekennen, dann bauen Sie keinen unnötigen inneren Druck mehr auf und kommen Ihrer Entspannung näher.

3 **Stärken stärken:** Haben Sie heute schon gedacht: „Das ist doch ganz leicht"? Geben Sie sich dafür Selbstwertschätzung, denn hinter diesem Gedanken liegen meist persönliche Stärken verborgen, die Sie als Mensch einzigartig machen.

4 **Ja zum Nein:** Sind Sie gerade dabei, zu schnell „Ja" zu sagen? Erlauben Sie sich Bedenkzeit und fragen Sie sich: Zu welchem Bedürfnis hinter dem „Nein" sage ich gelassen „Ja"?

5 **Freundliche Augen sehen:** Sehen Sie sich Bilder an von Menschen, die lächeln. Oder nehmen Sie bewusst wahr, ob in Ihrem Umfeld jemand Ihr Lächeln erwidert. Welche Wirkung hat das auf Sie?

6 **Feedback-Bitte:** Beschreiben Sie Ihrem Gegenüber, was konkret Sie in seinem Umfeld getan haben und wie sehr es Ihnen am Herzen liegt, Sinnvolles zu tun. Fragen Sie, wozu Ihr Handeln hilfreich war.

7 **Herzenhören:** Ihr Herz schlägt etwa 100.000 Mal am Tag. Unermüdlich sichert es Ihr Überleben. Lächeln Sie im tiefen Atmen Ihrem Herzen zu. Erinnern Sie sich: Es hat nicht nur über Jahrzehnte Ihren Kreislauf versorgt, sondern Ihnen auch seine Herzensgründe mitgeteilt, seine Freude und Trauer, seine Sehnsüchte und Erfüllungen. Was bewegt sich jetzt rund um Ihr Herz?

8 **Empathisch schweigen:** Würden Sie gerade gerne Einfluss nehmen, denken Sie aber, Sie könnten es nicht? Zum Beispiel, weil Sie das Meeting nicht selbst moderieren und jemand länger spricht, als Ihnen lieb ist? Konzentrieren Sie sich auf Ihr Kernbedürfnis und geben Sie ihm innerlich Raum. Welche Handlung entsteht daraus?

9 **Von der Strenge zur Lebendigkeit:** Fällt es Ihnen manchmal schwer, mit sich selbst fürsorglich umzugehen? Erinnern Sie sich an ein Kindheitserlebnis, das Sie zum Schmun-

zeln bringt. Würden Sie diesem Kind mit der gleichen Strenge begegnen wie sich selbst heute? Suchen Sie sich eines Ihrer Kinderfotos, das Sie darin unterstützt, sich so mitfühlend zu behandeln wie ein Kind, das sein Bestes gibt, um Liebe und Lebensfreude zu erfahren.

10 **Lebensgeister wecken:** Aktivieren Sie Ihr Immunsystem, indem Sie Ihre Thymusdrüse klopfen. Sie befindet sich hinter dem Brustbein in der Mitte des Brustkorbes. Klopfen Sie mit der flachen Hand oder den Fingerspitzen ca. eine Minute lang sanft auf diesen Punkt.

Checkliste 1: Ärger entschärfen

Lassen Sie Ihren Ärger raus. Schreiben Sie z. B. ungefiltert auf, was Sie über die Person oder sich selbst gerade denken (Bewertungen, Interpretationen, Erwartungen).	Gedanken
Atmen Sie drei Mal tief durch. Ist das, was Sie denken, wirklich wahr? Gibt es fixe Erwartungen, Pauschalisierungen, Bewertungen oder Interpretationen, die sich in Ihre Gedanken eingeschlichen haben?	+ Gedanken überprüfen
Was genau ist wirklich geschehen? Was sind Zahlen, Daten, Fakten?	Beobachtung
Wonach sehnen Sie sich jetzt? Was ist Ihnen wichtig? Um welche Bedürfnisse geht es Ihnen? Welches klingt jetzt besonders an?	Bedürfnisse

Wie geht es Ihnen jetzt, wenn Sie erkennen, dass dieses Bedürfnis zu kurz kam und gerne mehr wahrgenommen werden möchte?	Befinden
Was möchten Sie konkret tun, um Ihrem Kernbedürfnis Rechnung zu tragen? Worum möchten Sie Ihr Gegenüber jetzt bitten?	Lösungen

Diese Checkliste können Sie auch verwenden, um Schuld- und Schamgefühle zu wandeln.

Checkliste 2: Aus Misserfolgen lernen

Beide Teile, der innere Kritiker und Entscheider, wollen gleichermaßen gehört werden. Gelingt das, können konstruktive Lernschritte daraus erwachsen. Beginnen Sie jeweils mit dem inneren Kritiker, da dieser in der Situation zu kurz gekommen ist. Beantworten Sie die Fragen schriftlich. Das hilft, die Übersicht zu bewahren und sich die Bedürfnisse vor Augen zu halten.

Mein innerer Kritiker	
Was sagt Ihnen Ihr innerer Kritiker, wenn Sie an Ihr unerwünschtes Verhalten denken? Welche Argumente, Gedanken, Bewertungen, Erwartungen wirft er Ihnen vor?	
Auf welche konkrete Beobachtung bezieht sich dieser innere Teil? Was genau ist passiert?	

Wie geht es ihm damit und um welche Bedürfnisse und Anliegen geht es diesem Teil? Nehmen Sie ggf. die Tabellen für Befinden und Bedürfnisse zu Hilfe.

Was könnte die Bitte des inneren Kritikers sein?

Mein innerer Entscheider

Was sagt Ihnen Ihr innerer Entscheider? Mit welchen Argumenten, Rechtfertigungen, Urteilen verteidigt er sich?

Auf welche konkrete Beobachtung bezieht sich dieser innere Teil? Was ist geschehen, dass es zu dieser Entscheidung kam?

Wie *ging* es dem Teil damit und für welche Bedürfnisse und Anliegen hat sich der Teil eingesetzt? Nehmen Sie ggf. die Übersichten über Befinden und Bedürfnisse aus dem Kapitel „Was braucht Ihr Akku?" zur Hilfe.

Was könnte die Bitte des inneren Entscheiders sein?

Mein innerer Vermittler

Was ist Ihr konkreter nächster Schritt, um die Bedürfnisse beider Teile gleichermaßen zu berücksichtigen?

Checkliste 3: Clever entscheiden

Auch hier empfehlen wir, schriftlich zu antworten.

Formulieren Sie Ihre Entscheidungsfrage so, dass sie mit einem klaren Ja oder Nein beantwortet werden kann. Zum Beispiel: „Soll ich die Ausbildung zum Verkaufsleiter machen?"	? Frage-stellung
Wohin zieht es Sie spontan eher? Zum Ja oder zum Nein?	?
Was geht Ihnen jetzt durch den Kopf, wenn Sie an das Ja oder Nein denken? Welche Argumente, Gedanken, Bewertungen haben Sie?	▼
Welche Argumente, Gedanken, Bewertungen sprechen für die andere Seite?	▼
Welche Befindlichkeiten und Bedürfnisse stehen hinter der ersten Seite? Nehmen Sie ggf. die Übersichten über Befinden und Bedürfnisse zu Hilfe.	●
Welche Befindlichkeiten und Bedürfnisse stehen hinter der zweiten Seite?	●
Welche Strategie oder Handlungsschritte würden die Bedürfnisse sowohl der einen als auch der anderen Seite berücksichtigen?	➡

Checkliste 4: Neinsagen – die fünf „B"

Empathie in Kurzform: Erforschen und benennen Sie ein mögliches Bedürfnis Ihres Gesprächspartners. Damit signalisieren Sie, dass Sie die Bitte wirklich gehört haben und ernst nehmen.	Bedürfnis
Welches sind die Fakten, die dazu führen, dass Sie ein Nein aussprechen möchten? Benennen Sie die konkrete Beobachtung ohne Wertung.	Beobachtung
Wie fühlen Sie sich im Moment?	Befinden
Welche Bedürfnisse halten Sie davon ab, Ja zu sagen?	Bedürfnis
Wozu können Sie Ja sagen: Fortführende Bitten und Alternativen, die Sie ggf. Ihrem Gegenüber anbieten möchten.	Bitte

Checkliste 5: Wertschätzung ausdrücken

Was genau hat die andere Person oder haben Sie selbst gesagt oder getan, was Sie dankbar macht?	
Welches Befinden löst das bei Ihnen aus?	
Welche Bedürfnisse haben sich dadurch für Sie erfüllt?	
Bedanken Sie sich bei sich selbst oder bei der anderen Person.	

Überlegen Sie sich:

- Wem möchten Sie heute Ihre Wertschätzung ausdrücken?
- Was möchten Sie heute an Ihrem eigenen Tun würdigen, das Ihr Leben bereichert hat?

Literaturliste

Badenoch, B.: Gehirn und Psyche, arbor 2010.

Besser-Siegmund, C., Siegmund, H.: Erfolge bewegen – Coach Limbic: Emotions- und Leistungscoaching mit der wingwave-Methode, Junfermann 2001.

Gaußmann, A. G., Schmidt, M. D. F.: Der HerzKreis, S&G 2004.

Holler I., Heim V.: KonfliktKiste – Konflikte erfolgreich lösen mit der Gewaltfreien Kommunikation, Junfermann 2005.

Hanson, R., Mendius, R.: Das Gehirn eines Buddha, arbor 2010

Hüther, G.: www.gerald-huether.de

Kirch, D.: Handbuch Stressbewältigung, Mankau Verlag GmbH 2009

Levine, P.: Sprache ohne Worte, Kösel-Verlag 2011.

Larson, L.: Wut, Schuld und Scham: Drei Seiten der gleichen Medaille, Junfermann 2012.

Lindemann G., Heim V.: Erfolgsfaktor Menschlichkeit – wertschätzend führen, wirksam kommunizieren, Junfermann 2010, Steinbach Sprechende Bücher 2011.

Neff, K.: Selbstmitgefühl, Kailash 2012.

Neurology Channel: The Brain Labs: www.thebrainlabs.com

Rosenberg, M. B.: Gewaltfreie Kommunikation, Junfermann 2001.

Rosenberg, M. B., Seils, G.: Konflikte lösen mit Gewaltfreier Kommunikation, Herder 2004.

Renn, K.: Dein Körper sagt dir, wer du werden kannst, Herder 2006.

Renn, K.: www.secret-friend.de

Servan-Schreiber, D.: Die neue Medizin der Emotionen, Kunstmann 2004.

Shinzen Young: www.shinzen.com/A Synopsis of Shinzen Young's Book Break Through Pain.

Siegel, D. J.: Die Alchemie der Gefühle, Kailash 2010.

Weiser Cornell, A.: Focusing – Der Stimme des Körpers folgen, rororo 1997.

Stichwortverzeichnis

Impressum

Bibliografische Information der Deutschen Nationalbibliothek
Die Deutsche Nationalbibliothek verzeichnet diese Publikation in der Deutschen Nationalbibliografie; detaillierte bibliografische Daten sind im Internet über http://dnb.dnb.de abrufbar.

Print: ISBN: 978-3-648-06707-9 Bestell-Nr.: 01361-0002
ePub: ISBN: 978-3-648-06708-6 Bestell-Nr.: 01361-0101
ePDF: ISBN: 978-3-648-06709-3 Bestell-Nr.: 01361-0151

Vera Heim, Gabriele Lindemann
Auftanken im Alltag – Mit Selbstempathie zu neuer Kraft
2. Auflage 2015

Redaktionsanschrift: Fraunhoferstraße 5, 82152 Planegg/München
Telefon: (089) 895 17-0
Telefax: (089) 895 17-290
Internet: www.haufe.de
E-Mail: online@haufe.de
Redaktion: Jürgen Fischer
Redaktionsassistenz: Christine Rüber

Konzeption und Realisation: Nicole Jähnichen, 81247 München
Lektorat: Sylvia Rein, 81379 München
Grafiken: Ina Liesefeld, 12161 Berlin
Satz: Beltz Bad Langensalza GmbH, 99947 Bad Langensalza
Umschlag: Kienle gestaltet, Stuttgart
Umschlaggestaltung: RED GmbH, 82152 Krailling
Druck: freiburger graphische betriebe, 79108 Freiburg

Die Autorinnen

Vera Heim

arbeitet als zertifizierte GFK-Trainerin, NLP-Lehrtrainerin und Management-Coach. Sie ist Inhaberin des Trainingsinstituts The Coaching Company, In der Teien 6, CH-8700 Küsnacht/ Zürich.

Tel.: +41 (0)44 500 99 00, www.tcco.ch

Gabriele Lindemann

ist zertifizierte GFK-Trainerin und HerzKreis-Trainerin, Business-Coach und Managementberaterin. Sie ist Inhaberin des Trainingsunternehmens Menschen und Ziele, Leistnerweg 4, D-90491 Nürnberg.

Tel.: +49 (0)911 59 97 48, www.menschen-und-ziele.de

Dank

Unser Dank gilt den Menschen, die uns bei diesem Projekt unterstützt haben, unseren Angehörigen, Freunden und Freundinnen und allen Klienten, deren Beispiele unter anderem Namen eingeflossen sind. Allen voran denjenigen, von denen wir lernen durften, wie Marshall Rosenberg, Robert Gonzales, Susan Skye, Sarah Peyton. Weitere Inspirationsquellen unserer Arbeit sind Vertreter des Focusing und der interpersonalen Neurobiologie, die seit Jahren unsere Arbeit bereichern.